T0114769

JUDAÍSMO E CRISTIANISMO:

UM CONTRASTE

JUDAÍSMO E CRISTIANISMO:
UM CONTRASTE

RABINO STUART FEDEROW

JUDAÍSMO E CRISTIANISMO: UM CONTRASTE

Puede hacer pedidos de libros de iUniverse en librerías o poniéndose en contacto con:

iUniverse
1663 Liberty Drive
Bloomington, IN 47403
www.iuniverse.com
844-349-9409

ISBN: 978-1-6632-5471-9 (tapa blanda)
ISBN: 978-1-6632-5472-6 (libro electrónico)

Número de Control de la Biblioteca del Congreso: 2023914141

Información sobre impresión disponible en la última página.

Fecha de revisión de iUniverse: 08/08/2023

TABLA DE CONTENIDO

PRIMEIRA PARTE
Um Contraste de Crenças

SEGUNDA PARTE
Um contraste na Interpretação
das Escrituras Hebraicas

PREFÁCIO

Eu a vi sair do carro com sua Bíblia, depois de ter entrado no estacionamento da livraria atrás de mim. Eu tinha visto pelo espelho retrovisor que ela olhava fixamente com desprezo e fascinação para os adesivos judeus no meu para-choque e para a estrela de Davi - que parece de metal cromado, mas é de plástico. Segurei a porta para ela e esperei que ela me alcançasse. Ela agradeceu e, aí, meio hesitante, perguntou se podia falar comigo.

Legal, pensei. Lá vamos nós outra vez. Mas disse a ela: – Claro. Está tudo bem?

– Claro! Mas é que vi os adesivos em seu para-choque e tenho algumas perguntas sobre o judaísmo. Você é judaico.

Eu disse: – Sim, eu sou judeu. Você gostaria de se sentar e conversar?

Procuramos umas cadeiras e nos sentamos. O rosto dela mostrava uma mistura de sentimentos. Ela parecia animada, mesmo parecendo também um pouco assustada, insegura e confusa, como se estivesse em uma parte nova da cidade em que ela sabia onde queria ir, mas não sabia o caminho até lá.

– O que você tem em mente? – perguntei, para ajudá-la a começar.

Ela respondeu: – Bom, eu tenho lido a Bíblia e conversado com alguns amigos meus que são gente judaica e tenho lido alguns livros de rabinos judaicos, aí fiquei com algumas dúvidas.

– Certo, – disse a ela: – A propósito, tudo bem você nos chamar de "judeus", mais do que de "povo judaico", ou "gente judaica". Afinal você não diz "uma pessoa cristã" você diz apenas "um cristão" ou "um crente", então, diga apenas "um judeu", ou "os judeus", porque é isso que somos.

– É mesmo? – ela disse – porque eu pensei que fosse assim, meio ofensivo chamar alguém de judeu.

– Só é uma ofensa para aqueles que pensam que tem alguma coisa errada em ser judeu, – eu disse, e, antes que ela pudesse argumentar que não achava que houvesse nada errado em ser judeu porque seus melhores amigos eram judeus, perguntei: – Qual sua primeira pergunta?

Não funcionou. Ela sorriu e disse, rápida: – Quero que você saiba que eu adoro os judeus, e oro pelo Estado de Israel todos os dias. – Aí suas perguntas começaram a jorrar: – Mas eu não entendo, por que vocês não são todos judeus messiânicos? Se a única coisa que nos separa é Jesus — nós dizemos que ele era o Messias e vocês, não – o que os impede de aceitar a ele? Já ouvi rabinos judeus chamarem Jesus de rabino, mestre, e todo mundo fala da tradição judaico-cristã, então, se os primeiros cristãos eram judeus, e o judaísmo nos levou direto ao cristianismo, por que, milhares de anos depois, tantos judeus ainda não o aceitam?

Em resposta, eu disse: – Bom, fico feliz em saber que você ama os judeus e apoia Israel. Mas eu ficaria mais feliz se você amasse o judaísmo que me faz judeu, e apoiasse minha escolha pelo judaísmo que me mantém judeu.– Nesse momento, o sorriso desapareceu e, ao longo de nossa conversa, foi ficando mais como uma carranca.

De muitas maneiras, esse livro é minha resposta às muitas perguntas, entendimentos superficiais e deturpações do judaísmo, refletidas no que ela disse naquele dia, tanto quanto minha reação ao que outros têm dito a mim ao longo dos anos, e que parece impregnar toda a sociedade cristã ocidental.

Tenho defendido o judaísmo do cristianismo toda minha vida. Venho explicando no que acreditam os judeus a não judeus desde a escola primária. Sendo o único judeu no Ensino Fundamental na cidade de Springfield, em Missouri, sempre me pediam para explicar nossos dias santos para a turma, ou para trazer itens dos rituais judaicos para mostrar e contar sobre eles, e para responder perguntas de amigos sobre aquilo em que acreditamos e por quê. No Ensino Médio, fui alvo de amigos que, no esforço de validar sua própria crença, e sem nenhum respeito por mim mesmo, tentavam me converter ao cristianismo.

Essas experiências enquanto eu crescia me levaram a estudar Religião Comparada. Me formei em Estudos Religiosos na Universidade Brown e fui ordenado rabino. Escrevi panfletos ensinando aos judeus como reagir aos esforços de missionários cristãos. Escrevi o capítulo "Missionários" na publicação de 1997 da União pela Reforma do Judaísmo, "Where We Stand: Jewish Consciousness on Campus", editada por Allan L Smith. Representando a maravilhosa organização Jews for Judaism, fui convidado semanal no grupo de chat da Jews for Judaism no America Online (AOL). Ministrei um curso de 12 semanas: Controle de Missão: Como reagir aos esforços dos missionários cristãos, no Centro Comunitário de Judeus em Houston, e também liderei seminários de fim de semana e aulas de duas horas sobre o mesmo tema. Criei um *talk show* ao vivo por rádio, Um show de Fé (aShowofFaith.org) com um pastor Batista do Sul dos norte americano e um padre católico que vai ao ar semanalmente na rádio Houston, desde 1997. Atualmente, pode-se ouvi-lo na rádio 1070 KNTH (1070KNTH.com), nas noites de domingo de 18-21h, horário de Houston.

Minha conversa com a mulher na livraria, e outras conversas como aquela, levaram-me a escrever este livro; entretanto, há muitas outras razões que tornam esse livro importante e útil.

No momento, os maiores amigos de Israel nos Estados Unidos da América parecem ser a comunidade cristã evangélica. Um ditado norte americano diz que a política crias casais estranhos. Membros da comunidade judaica, para caírem na graça dos novos parceiros políticos que encontraram entre os cristãos evangélicos, optaram por ignorar as diferenças entre judaísmo e cristianismo e enfatizar as semelhanças superficiais.

Com o crescimento do grupo missionário cristãos que se intitula "judeus" messiânicos, e o sucesso dos Judeus por Jesus (Jews for Jesus), os limites entre o judaísmo e o cristianismo estão ficando cada vez menos visíveis. Essa perda de diferenciação é utilizada para deixar mais fácil converter judeus ao cristianismo, pois, se não são tão diferentes, por que deve importar tanto se alguém acredita em uma crença ou na outra?

Rabinos ortodoxos estão escrevendo livros em que chamam Jesus de rabino, enquanto outros rabinos aparecem na mídia demonstrando uma completa falta de entendimento daquilo em que o cristianismo acredita e daquilo que se encontra nas páginas do Novo Testamento cristão, e como isso contrasta intensamente com a Bíblia e as crenças do judaísmo.

Tem se falado cada vez mais sobre a "tradição judaico-cristã", inclusive os próprios judeus que não entendem que, pela perspectiva cristã, o aspecto judaico só se refere àquela parte do judaísmo que levou ao cristianismo. Não inclui o judaísmo rabínico, que vem definindo o judaísmo praticamente nos últimos 2000 anos ou mais, e que informa cada ramo do judaísmo hoje. Também tem que se perguntar porque o aspecto judeu foi latinizado para judaico, mas o aspecto cristão permaneceu, simplesmente, "cristão".

Em muitas igrejas, hoje em dia, os rituais judaicos são usados a serviço de celebrações cristãs. Muitas igrejas, sejam evangélicas, sejam liberais, vêm promovendo sêderes de Páscoa, e vêm celebrando o Sucote, ou Festa dos Tabernáculos. Há relatos de ketubás, contrato matrimonial judaico, sendo utilizados em cerimônias de casamento cristãs. Há crianças cristãs tendo celebrações de bar mitzvah . Todas essas coisas apagam os limites entre o judaísmo e o cristianismo.

Cada vez mais pessoas acreditam que a única diferença entre o judaísmo e o cristianismo é que o segundo aceita Jesus como o messias, enquanto o primeiro não o faz. Não sabem por que os judeus continuam a rejeitar Jesus como Messias, como um salvador e como filho de Deus. Muitos judeus, que tem um conhecimento, na melhor das hipóteses, superficial do judaísmo, podem dizer apenas que nós, judeus, não cremos em Jesus porque ele não cumpriu nenhum dos requisitos para ser o Messias. Infelizmente, o único requisito que eles conhecem é que o Messias vai trazer a paz. Eles não percebem que existe toda uma teologia que se tem que aceitar primeiro para crer em Jesus como o Messias cristão. Não sabem que, do ponto de vista do judaísmo, esse fundamento teológico cristão não é bíblico e se posiciona de forma diametralmente oposta ao que a Bíblia declara.

Se alguém acredita que a Bíblia encerra verdade em seus versículos, e a partir do momento que o judaísmo reflete melhor a teologia e as crenças encontradas na Bíblia, então o judaísmo é melhor do que o cristianismo no sentido que contém mais dessas verdades bíblicas. Nem cristãos, nem judeus estão acostumados a ouvir de um judeu que o judaísmo é uma fé superior à fé cristã. Entretanto, os judeus escutam o oposto de forma sutil ou escancarada de cristãos, dizendo que o cristianismo é superior ao judaísmo. Muitos judeus, especialmente os que foram alvo de proselitismo cristão, já ouviram o insulto a nossa fé segundo o qual tornar-se cristão é tornar-se um judeu completo. Muitos judeus, se não souberem nada mais do cristianismo, saberão que, para o cristão conservador, aqueles que rejeitam Jesus como seu salvador pessoal estão condenados ao inferno. Pode parecer que muitos cristãos aprenderam a dizer abertamente que o seu "Novo Testamento" não substitui o "Antigo Testamento" (o motivo pelo qual chamam o deles de "Novo" Testamento, vide abaixo) e podem hesitar ou se esquivar do assunto quando são inquiridos diretamente se acreditam que os judeus estão condenados ao inferno, mas a fé missionária cristã à qual aderem continua a acreditar nisso. O judaísmo nunca acreditou que apenas os judeus vão para o céu. "Os justos de todas as nações têm uma parte no Mundo Vindouro" o Talmude nos ensina em Sinédrio 105a. Essa distinção entre as duas crenças também é negligenciada por muitos cristãos.

Os judeus são treinados desde o nascimento para serem discretos, serem como "Pais Tomás" judeus. O que é que eu chamo de "Pai Tomás judeu"? Um judeu que tem receio de ser judeu de forma arrojada, aberta e altiva. Um Pai Tomás judeu é um judeu que, por exemplo, conversa em um tom normal em público, mas, quando o assunto muda para um tema judeu, baixa o tom de sua voz. É um judeu que, de boa vontade, usa uma corrente com uma estrela de Davi e um chai ou veste uma camiseta com alguma coisa judaica estampada na frente, mas que nunca pensaria em utilizar uma joia ou uma roupa com inscrições judaicas para ir a um lugar público em que a maioria dos frequentadores pode não ser judia. Já andei com gente que põe suas joias judaicas pra dentro da camiseta ao entrar em um shopping. A traseira de meu carro tem, no para choque, adesivos judeus e uma estrela de Davi. Eu ouço mais comentários negativos de judeus, horrorizados que eu proclame tão intensamente que o motorista do meu carro é judeu. Eles me perguntam: – Você não tem medo que um cristão atire em você? – Esses são apenas alguns exemplos. Judeus são simplesmente treinados a ficarem de boca fechada, a não virar nenhuma canoa, mesmo que sejam as canoas enviadas para nos destruir pela conversão, ou pelo obscurecimento dos limites entre o judaísmo e o cristianismo. Somos ensinados a sermos passivos, quase invisíveis, especialmente quando se trata de ressaltar nossas diferenças da maioria ao nosso redor, uma doença comum entre membros de uma minoria. À medida que ficam mais tênues as linhas que separam o judaísmo do cristianismo, esse Pai Tomás pode se tornar um suicida.

Ademais, e infelizmente, muitos judeus foram educados para acreditarem que nossa fé é tão boa quanto qualquer outra fé. Falam-nos coisas derrotistas como: – Todas as crenças têm seu próprio quarto na mansão de Deus, – ou – Há muitos caminhos que levam ao mesmo Deus, – ou ainda que – Todos adoramos o mesmo Deus. Existe somente um Deus. – No entanto, se uma outra crença adora como Deus alguém que não foi e não é Deus, estão cometendo idolatria. Tradicionalmente, o judaísmo acredita que somente os judeus são obrigados a adorar o Deus único e verdadeiro, e, portanto, não é idolatria se os cristãos e outras religiões adoram falsos deuses, mas isso não muda o fato de que o deus que eles adoram não é Deus, e é, portanto, um ídolo. Só que, para quem não é judeu, não é pecado. Não estão cometendo o pecado da idolatria, mas o que eles adoram, na verdade, é um ídolo.

Se nossa fé é apenas tão boa quanto as outras, se nossa fé é apenas tão razoável, tão benéfica, se nossa fé não é mais certa do que as outras, então por que um judeu iria querer ser tão diferente, parte de uma minoria tão pequena? Porque não se converter, simplesmente, a uma outra crença, se, na verdade, o judaísmo é só tão bom quanto, mas não melhor do que nenhuma outra crença? Se não acreditamos que nossa crença é melhor do que qualquer outra; se não acreditamos que nossa crença é mais certa do que todos as outras; se não acreditamos que nossa crença é mais verdadeira que todas as outras, então, porque se preocupar em lutar tanto para continuar diferente? Por que não se juntar à maioria ao nosso redor se nossa crença é apenas tão boa quanto, não é melhor do que todas as outras? Essa atitude também contribui para assimilação e eventual perda de judeus para o cristianismo.

Em muitos níveis, a simples ideia de dizer: – Eu sou judeu – é uma forma de dizer: – Eu escolho não ter outra crença. – O simples ato de escolher ser judeu, permanecer judeu quando tanto a assimilação quando a conversão de judeus é tão fácil, pelo menos significa fazer uma declaração de que a crença judaica é certa e que todas as outras crenças são erradas, pelo menos na medida em que elas são discordantes do judaísmo e da Bíblia.

Não podemos ver de duas maneiras. Ou bem Jesus foi o Messias, ou bem não o foi. Ou bem um humano pode morrer pelos pecados de outros ou uma pessoa não pode morrer pelos pecados de outra. Ou bem Deus quer e permite o sacrifício humano ou bem Deus não quer nem permite o sacrifício humano. Ou bem um ser humano nasce na terra manchado pelo pecado original, ou bem um ser humano não nasce sem o pecado original. O judaísmo e o cristianismo acreditam em ideias diferentes e mutuamente excludentes. As duas não podem estar certas porque elas estão em forte desacordo e oposição uma com a outra. Ou bem nós estamos certos, e eles, errados, ou eles estão certos e nós, errados. Se somos os mesmos, se uma crença é tão boa, tão certa ou tão benéfica quanto outra fé, então, não existe motivo para ser diferente e para termos sofrido o quanto nós, judeus, sofremos simplesmente por sermos tão diferentes.

Este livro foi escrito para ajudar os judeus a reagirem aos esforços dos missionários cristãos. Somente entendendo onde o judaísmo e o cristianismo se desentendem - e por quê - é que um judeu pode fazer a opção de não se tornar um cristão (ou um gentio poderá escolher tornar-se um judeu). Não são todos que escolherão responder aos missionários cristãos com o conhecimento que terão aprendido nestas páginas. Só porque alguém tem o conhecimento para cotejar o judaísmo com o cristianismo e mostrar que o judaísmo se atém mais às crenças bíblicas, não significa que deva sempre utilizar esse conhecimento e destacá-lo para os outros. Você deve escolher as batalhas que, na sua opinião, valem a pena lutar, e como você escolhe reagir a em uma circunstância pode não ser a mesma forma como você escolhe reagir em outras circunstâncias ou até - às vezes - nas mesmas circunstâncias em outro momento.

Para a comunidade judaica, a ideia de reagir aos esforços dos missionários cristãos se apresenta como um grande problema. Suponhamos que eu esteja de pé, entre dois cristãos. O primeiro é um missionário cristão, que acredita que eu vou para o inferno porque não acredito nas coisas em que ele acredita, e que, portanto, tenta me converter à sua crença. A segunda pessoa é um cristão liberal, que não acredita que eu vá para o inferno e que nem sequer considera tentar me converter à sua fé. Vamos dizer que, em resposta a uma declaração feita pelo missionário cristão, eu faça a declaração mais básica, muito simples de desacordo com o missionário, a de que Jesus não foi o Messias.

Ao fazer isso, eu não só neguei a crença do missionário cristão, mas também neguei a fé do cristão liberal. Isso significa que é praticamente impossível reagir a um missionário sem a possibilidade de ofender também a crença de todos os cristãos em todo lugar, inclusive aqueles que são nossos amigos. Esse é um problema para os judeus, porque fomos treinados desde o nascimento a não ferir os sentimentos dos outros, especialmente daqueles que são nossos amigos e nunca pensariam em atacar nossas crenças.

Será que os judeus vão se acomodar no altar do diálogo inter-religioso e do politicamente correto, com almas perdidas na comunidade judaica tanto pela conversão fruto do esforço dos missionários cristãos quanto pelo apagamento das linhas que nos separam?

Reagir aos missionários cristãos se apresenta como um problema adicional para aqueles que veem com bons olhos a ajuda de cristãos devotos no apoio ao Estado de Israel. É um conflito de interesses. Em sua reação aos esforços catequéticos, como um judeu pode negar a crença dos mesmos cristãos cuja crença os leva a apoiar o Estado de Israel? O motivo pelo qual isso se torna um conflito de interesses para os judeus é que aqueles que apoiam o Estado de Israel a partir de um ponto de vista cristão são também os mais propensos a desejar e trabalhar pela conversão dos judeus e a obscurecer os limites entre as duas crenças. Eles veem o cristianismo como herdeiro natural e objetivo do judaísmo.

Para alguns desses cristãos, a ajuda que eles dão ao Estado de Israel é a isca na rede que eles lançam como pescadores de homens, para serem bem recebidos nas comunidades judaicas, para que possam, ao fim, catequizar seus alvos judeus para o cristianismo.

Existe uma estratégia missionária cristã chamada Estratégia de Evangelização pela Ponte. Também é chamada de Estratégia de Evangelização do Amigo ou Estratégia da Amizade e outros nomes. Essa estratégia de catequese cristã consiste em determinar as necessidades da comunidade alvo. Os missionários cristãos, então, atendem essas demandas da comunidade alvo, mostrando-se amáveis para seus alvos de maneira que possam catequizá-los ao final. Até conseguirem suas tentativas de converter seus alvos ao cristianismo, eles usarão a amizade desenvolvida com alguns membros do grupo alvo para conquistarem credibilidade com outros alvos individuais ou para avançarem em outros objetivos. A razão pela qual não catequizarão o grupo inicial de imediato é que é preciso desenvolver um grau de confiança por parte do grupo alvo desses missionários que atenda suas demandas, para realçar ainda mais sua vontade de escutar a mensagem cristã. Isso pode levar anos e anos para ser desenvolvido.

Nos últimos 50 anos, os eventos que a comunidade judaica mais frequenta são aqueles em memória do Holocausto ou que mostram interesse e apoiam o Estado de Israel. Quando um rabino quer levar uma multidão até a sinagoga, tudo que o rabino tem que fazer é um programa sobre Israel ou sobre o Holocausto e uma multidão vai aparecer. Mas quando um rabino faz um programa sobre o judaísmo, sobre Deus, sobre a Torá, aí o número de frequentadores é, na melhor das hipóteses, minúsculo em comparação aos outros temas.

As demandas da comunidade judaica, do jeito que os cristãos evangélicos entendem a partir de nosso próprio comportamento, são honrar a memória do Holocausto e apoiar o Estado de Israel. Quando os cristãos relembram o Holocausto e apoiam Israel, não consigo deixar de imaginar se essa Evangelização com a Estratégia da Ponte tem outro motivo oculto. Esses cristãos evangélicos se mostram amáveis para a comunidade judaica; eles fazem com que a comunidade judaica confie neles para atender nossas "demandas" de rememorar o Holocausto a apoiar o Estado de Israel. Isso tem um preço.

Eis aqui só um exemplo. Em 2006, membros da comunidade judaica estavam fazendo oposição à indicação do agora Ministro da Corte Suprema Alito e fizeram declarações quanto a suas atitudes políticas conservadoras. Membros da direita cristã começaram a ameaçar a retirada do apoio ao Estado de Israel se a comunidade judaica não parasse com essas objeções e não parasse a luta contra a direita cristã em assuntos conservadores como este. Na verdade, estavam chantageando a comunidade judaica.

Tenho visto com bastante frequência que, para obter algum ganho (dinheiro, na forma de contribuições para nossas organizações judaicas, por sentimentos de amizade, ou pelo sentimento de que não temos mais que temer os cristãos porque eles vivem se desculpando pelo Holocausto, pelo apoio a Israel), estamos ignorando ou pondo de lado nossos valores. Ficamos com medo de distinguir entre valores judeus e valores cristãos. Ignorar ou deixar de lado seus valores em troca de algum ganho é a definição clássica de prostituição. Vi comunidades judaicas ignorarem a associação de cristãos evangélicos com organizações messiânicas "judaicas", ou com aqueles que pervertem nossos dias santificados, feriados, eventos do ciclo da vida e nossos rituais, inserindo neles significados cristãos como discuto neste livro, porque esses mesmos cristãos evangélicos fazem um grande alarde ao apoiarem Israel e ao honrarem a memória do Holocausto.

Existe um preço que estamos pagando, e haverá um preço maior ainda a ser pago, quanto mais ficarmos dependentes deles para atender essas supostas demandas.

Mais à frente, quando for o tempo certo, eles se utilizarão do fato de terem atendido nossas demandas e assim se mostrando amáveis conosco, como um método para nos evangelizar. Quando a grande maioria dos judeus, novamente, rejeitarem o cristianismo, assim como os judeus têm rejeitado a mensagem cristã com frequência, o antissemitismo vai disparar, porque sua técnica não funcionará na dimensão que eles esperam. Embora eu tema a retaliação cristã, espero que o fracasso deles ao converter judeus com êxito seja resultado, de alguma forma modesta, deste livro.

Temos uma escolha. Podemos ficar em silêncio, e ver cada vez mais membros da nossa comunidade judaica se converterem do judaísmo para uma crença que nega as premissas bíblicas mais básicas de nossa crença, ou podemos abrir a boca e esclarecer os contrastes, as diferenças que existem, de fato, entre o judaísmo e o cristianismo.

Aprender como o judaísmo e o cristianismo diferem um do outro pode ser benéfico de muitas maneiras para a comunidade judaica. O primeiro benefício é fortalecer os judeus em suas próprias crenças. Também vai ajudar a parar os missionários. Eles deixarão os judeus bem informados pelos menos informados, da mesma forma que um ladrão vai preferir arrombar um carro que tenha menos dispositivos de segurança ao invés de um com alarme contra roubo visível. Tenho visto com frequência como a reação aos esforços missionários cristãos interrompem ou diminuem o zelo dos missionários em nos converter. Mais de uma vez, vi como resultado a conversão do cristão para o judaísmo. Não é todo mundo que vai escolher responder aos missionários cristãos da maneira que ensino a responder. Mas, como o Talmude nos ensina, "*da mah l'ha-sheev*", devemos "saber como responder", mesmo que, em algumas circunstâncias, escolhamos não responder e simplesmente nos afastar.

Aprender como o judaísmo e o cristianismo diferem entre si também pode ser benéfico de diversas maneiras para a comunidade cristã. Eles podem vir a entender a base bíblica que explica por que os judeus têm rejeitado a mensagem e a teologia cristã por mais de 2000 anos. Talvez os ajude a aceitar o fato de que judeus bem informados, por causa de sua fé em Deus e na Bíblia, vão sempre rejeitar Jesus e o cristianismo. Para alguns cristãos, entender isso pode levá-los a parar de tentar nos converter e a respeitar o judaísmo que nos faz judeus. Aprender como o judaísmo difere do cristianismo pode levar os cristãos a um entendimento mais verdadeiro da comunidade judaica que é derivado de conversas inter-religiosas nas quais a única coisa que se discute é onde as duas crenças concordam.

Espero e oro para que este livro leve aqueles que buscam uma crença que expresse a verdade da Bíblia a encontrá-la no judaísmo. Espero e oro para que este livro ajude a afinar as eternas diferenças entre o judaísmo e o cristianismo.

Seja essa a vontade de Deus!

AGRADECIMENTOS

Obrigado, Deus, por me dar a vida, por me sustentar e por me permitir chegar a esse momento maravilhoso!

Obrigado, Marcy Powers, por seu amor e por seu apoio e seu incentivo em escrever este livro.

Obrigado, Libbi Federow, Peri Federow e Alise Lofftus, por seu amor, apoio e incentivo também.

Obrigado, Marcy Powers, Libbi Federow e Josh White, pela edição e crítica iniciais a este livro. Obrigado, Ted Powers, pela edição do manuscrito, e a Cathy Leonard pela edição e formatação da edição final.

Obrigado, a todos os meus professores da Brown University, especialmente a Jacob Neusner, e a todos os meus professores nos *campi* de Jerusalém e Cincinnati do Hebrew Union College-Jewish Institute of Religion, especialmente Michael Cook, Jonathan Sarna e Edward Goldman.

Obrigado a todos os que ajudaram na criação, manutenção e melhorias do site, WhatJewsBelieve.org, verdadeiramente o precursor deste livro: Quentelle Barton, Amy Scheinerman, Ed Scheinerman e Jonah Scheinerman, e também Wendy Morrison, pela atualização mais recente. Obrigado, Jonas Vilander, por transformar o site em um aplicativo para smartphone.

Obrigado aos membros da Congregação Shaar Hashalom, em Houston, Texas, por todo o seu amor e apoio, especialmente às

Aulas de Confirmação do 10º ano ao longo dos anos, nas quais discutiríamos as questões levantadas neste livro.

Nossa tradição nos ensina que, mesmo que uma pessoa lhe ensine apenas uma única letra do *aleph-bet*, você está em débito com essa pessoa para sempre. Assim sou devedor a todos aqueles que citei acima, e a todos aqueles que não citei acima, mas que me ensinaram tanto ao longo da minha vida, a começar por meus pais, Harry e Annette Federow, z'l.

Qualquer coisa boa nestas páginas pertence a você. Só os erros são meus.

INTRODUÇÃO

As crenças do judaísmo e do cristianismo são diametralmente opostas uma à outra e judeus e cristãos divergem nas crenças mais fundamentais de suas respectivas doutrinas. As teologias das duas fés são mutuamente excludentes. Este livro faz o contraste das crenças mais básicas e fundamentais dessas duas doutrinas.

Este livro não será fácil de ler. Ele irá contra a corrente para a maioria dos leitores, que se ofendem com declarações críticas, que querem acreditar em uma equivalência moral (de que não existe certo ou errado objetivamente), e que acreditam que há verdades objetivas. Aqueles que não se apegam aos valores que diferenciam o judaísmo de outras religiões, aqueles que não veem a Bíblia como autoridade máxima (sem importar se acreditam ou não que Deus seja o autor do texto), vão dispensar este livro como uma tolice. Aqueles que se mantém devotos a sua fé cristã podem interpretar erroneamente as razões para escrever este livro, muito embora elas estejam discutidas profundamente no Prefácio. Este livro é sobre o judaísmo e como ele se diferencia com as crenças do cristianismo, e é difícil fazer isso sem debilitar as crenças básicas do cristianismo. Os cristãos podem achá-lo ofensivo. Não é minha intenção insultar ninguém, mas eu vou defender minha fé e meu povo daqueles que tentarem nos converter, para aqueles que apagariam os limites que separam o judaísmo do cristianismo, alguns dos quais fazem assim por medo de perder o apoio cristão ao Estado de Israel. Vou sempre ensinar aos judeus e aos cristãos interessados aquilo em que nós judeus acreditamos e por quê. Como isso se diferencia das crenças cristãs, e como as crenças judaicas estão mais em consonância com as crenças bíblicas.

Por outro lado, aqueles que estão buscando uma explicação simples e direta sobre como o judaísmo e o cristianismo se opõem um ao outro vão receber bem o que vão ler. Os judeus que desejam que o judaísmo seja o vencedor vão apreciar o livro.

O livro é dividido em duas partes, A Primeira Parte examina aquilo no que os judeus acreditam e por quê, em contraste com o cristianismo. A Segunda Parte vai cotejar a maneira em que as duas doutrinas interpretam os mesmos versículos da Escrituras Hebraicas. Separei dez versículos ou seções da Escrituras Hebraicas utilizadas com mais frequência para converter judeus ao cristianismo e dei uma das respostas do judaísmo.

Utilizo apenas versículos das Escrituras Hebraicas e versículos do Novo Testamento cristão para diferenciar as duas religiões. A comunidade cristã nem sempre se impressiona com citações rabínicas. Acham que a verdadeira palavra de Deus só é encontrada na Bíblia, e que o judaísmo rabínico é apenas uma doutrina feita pelo homem. No entanto, isso não evita que citem, traduzam e representem erroneamente declarações dos rabinos, assim como fazem com versículos das Escrituras Hebraicas. Se pode ser utilizado para fazer parecer que os rabinos refletiam a teologia cristã para avançar suas metas missionárias, eles a usam. Entretanto, as citações da Bíblia são eficazes em sustentar suas técnicas missionárias, enquanto as dos rabinos não o são. Eu, contudo, cito os rabinos em termos da lei judaica, pela mesma razão que não se pode citar apenas a Constituição e seus autores com respeito à legislação norte americana. Assim como o direito civil norte americano se desenvolveu bem além dos dias da Revolução Norte Americana, também a lei judaica se desenvolveu bastante, além dos dias da Bíblia, e, pelas mesmas razões, que explico no quinto capítulo neste livro com respeito à Lei Judaica.

Algumas pessoas se referem à Bíblia como o "Antigo Testamento". Nenhum judeu que se respeite deve alguma vez na vida se referir a nossa própria Bíblia como o "Antigo Testamento", nem deve permitir que outra pessoa faça isso em um contexto judaico, como em nossas próprias sinagogas ou em reuniões judaicas. Nós, judeus, não acreditamos em um "Novo Testamento", então não há motivo para chamar nossa Bíblia de "Antigo Testamento". O termo "testamento" significa "aliança", ou "contrato". Ao chamarem nossa Bíblia de "antigo testamento", significando "antiga aliança", os cristãos querem implicar que o seu Novo Testamento, sua nova aliança, substituiu o nosso "antigo testamento". No Novo Testamento cristão, com uma interpretação errônea de Jeremias 31:31 (explicada mais adiante na Segunda Seção deste livro), Paulo escreve:

Hebreus 8:13 Quando *ele diz Nova, torna antiquada a primeira. Ora, aquilo que se torna antiquado e envelhecido está prestes a desaparecer.*

Nossa aliança com Deus é eterna, nunca será substituída, nunca irá desaparecer. Como os judeus cantam nas sinagogas todas as semanas no Sabath, *"v'sham-ru"*, o Sabath é símbolo eterno de nossa eterna aliança com o Deus eterno.

Êxodo 31:16-17 Pelo *que os filhos de Israel guardarão o sábado, celebrando-o por aliança perpétua nas suas gerações. 17 Entre mim e os filhos de Israel é sinal para sempre; porque, em seis dias, fez o Eterno os céus e a terra, e, ao sétimo dia, descansou, e tomou alento.*

Para um judeu, portanto, referir-se a sua própria Bíblia como o "Antigo Testamento" significa negar a natureza eterna da aliança de Deus com os judeus. Os judeus devem se referir à sua própria Bíblia como as "Escrituras Hebraicas", ou como "A Bíblia", como fiz neste livro ou como a Tanaque. (A palavra Tanaque é um acrônimo que se refere às Escrituras Hebraicas. É composta pela Torá, os cinco livros de Moisés; a Nevi'im, os Profetas; e a Ketuvin, que são os outros escritos bíblicos).

A tradução da Bíblia utilizada neste livro é a Almeida Revista e Atualizada (RA 2014) com todas suas características, boas e ruins. A única coisa que mudei nas traduções foi utilizar "Eterno" ao invés de "Senhor". Isso porque, para os Cristãos, a utilização da palavra "Senhor" parece implicar automaticamente Jesus, uma vez que eles pensam que "Jesus é o Senhor". Além disso, usar a palavra "Eterno" é mais próximo do significado do nome de Deus em quatro letras, chamado de "tetragrama", que se soletra comas letra hebraicas equivalentes a Y e H e V e H. É derivada do verbo "ser", então "Eterno" é uma tradução mais exata desse nome para Deus.

Espero que todos aqueles que buscam uma explicação sobre aquilo no que os judeus acreditam e por quê, aqueles que tentam entender como o judaísmo e o cristianismo se opõem um ao outro, aqueles que podem estar estudando o judaísmo para uma possível conversão e alunos e professores de religião, que todos possam se beneficiar deste livro.

PRIMEIRA PARTE

UM CONTRASTE
DE CRENÇAS

Capítulo 1

O MONOTEÍSMO E A TRINDADE

Os judeus creem que Deus é único e indivisível. Os judeus não creem em uma Trindade.

Há várias manifestações de Deus na Bíblia. No entanto, isso não quer dizer que cada uma delas deva ser olhada como uma entidade separada e diferente das outras, mas, sim, que elas são de alguma forma, a mesma única entidade. Os judeus acreditam que cada manifestação de Deus é apenas a maneira como Deus escolheu ser essa experiência pelos seres humanos. Adoramos a Deus, e não as manifestações de Deus. Não sentimos que temos que passar de uma manifestação de comunhão com Deus para outra manifestação de Deus. Quando oramos, oramos simplesmente para Deus, diretamente para Deus.

As Escrituras Hebraicas nos contam que Deus é único. Em Deuteronômio 6:4, está dito:

Ouve, Israel, o Eterno, nosso Deus, é o único Deus.

Como sabemos que o termo "único", no final do versículo acima, não se refere a algum tipo de unidade composta, implicando que Deus é feito de partes diferentes que totalizam um ser único? A razão pela qual sabemos isso é que a palavra "único" é um adjetivo.

Aqui, descreve um nome próprio, que é o tetragrama, o nome em quatro letras de Deus, aqui traduzido como "O Eterno". A maioria das pessoas não percebem que esta palavra, traduzida aqui como "O Eterno", é, na verdade, um nome de Deus, que nos é revelado em Êxodo 3:14-15. Isso porque a maioria das bíblias traduz o Hebraico para "Eterno", que é um título, mas a palavra é um nome, o nome mais sagrado de Deus.

Quando a palavra "único" modifica o nome de uma pessoa, deve significar que a pessoa é única e uma – não é composta, mas, ao contrário, uma pessoa absolutamente única. Vamos explicar.

Os cristãos podem tentar explicar isso dizendo que um homem chamado João Guilherme é "Pai" para seus filhos, mas "Amor" para sua esposa, "Gui" para seus amigos e "Seu João" para seus funcionários. No entanto, em todas as circunstâncias, João Guilherme tem o mesmo conhecimento, o mesmo poder e a mesma vontade. Ele ainda é uma pessoa só, mesmo sendo tratado de forma diferente e sendo chamado por nomes diferentes dependendo de quem está falando com ele. Entretanto, o Novo Testamento descreve Jesus, o filho, como se tivesse um conhecimento diferente daquele do pai, uma vontade diferente da do pai e força diferente do pai.

No Novo Testamento cristão, em dado momento, Jesus alega ter conhecimento diferente daquele de outras partes da Trindade. Por exemplo, em Mateus 24:36, Jesus diz:

Mas a respeito daquele dia e hora ninguém sabe, nem os anjos dos céus, nem o Filho, senão o Pai.

Marcos 13:32 diz o mesmo:

Mas a respeito daquele dia ou da hora ninguém sabe; nem os anjos no céu, nem o Filho, senão o Pai.

Jesus não tem o mesmo poder que têm os outros componentes da Trindade. Por exemplo, Lucas 23:34 diz:

> *Contudo, Jesus dizia: Pai, perdoa-lhes, porque não sabem o que fazem. Então, repartindo as vestes dele, lançaram sortes.*

Por que Não podia o próprio Jesus perdoar? Se Jesus e o Pai são o mesmo, por que ele pede ao Pai que conceda o perdão? Porque ele não era Deus, ou parte de Deus (aquilo que os cristãos chamam de "pessoa" de Deus), e, portanto, não tinha o poder de perdoar, e ele sabia disso.

Em Mateus 26:42, a vontade de Jesus não é a mesma vontade do Pai:

> *Tornando a retirar-se, orou de novo, dizendo: Meu Pai, se não é possível passar de mim este cálice sem que eu o beba, faça-se a tua vontade.*

Isso também está em Marcos 14:36:

> *E dizia: Aba, Pai, tudo te é possível; passa de mim este cálice; contudo, não seja o que eu quero, e sim o que tu queres.*

Nas declarações acima, Jesus se opõe ao Pai, a Deus, porque Jesus sabia que não era Deus.

De fato, Jesus se opõe a Deus com frequência. Faz isso em João 14:28:

> *Ouvistes que eu vos disse: vou e volto para junto de vós. Se me amásseis, alegrar-vos-íeis de que eu vá para o Pai, pois o Pai é maior do que eu.*

Em Lucas 18:19, temos exemplo semelhante:

Respondeu-lhe Jesus: Por que me chamas bom?
Ninguém é bom, senão um, que é Deus.

Além disso, Jesus aparentemente disse que o castigo por falar contra uma parte da Trindade não é o mesmo do que aquele por falar contra outra parte da Trindade. Se isso for verdade, então as partes não podem ser da mesma pessoa, ou o castigo seria o mesmo para quem falasse contra uma ou outra:

Mateus 12:32 Se alguém proferir alguma palavra
contra o Filho do Homem, ser-lhe-á isso perdoado;
mas, se alguém falar contra o Espírito Santo, não lhe
será isso perdoado, nem neste mundo nem no porvir.

Se as diferentes partes da Trindade Cristã não são uma única, Se Jesus não sabia coisas que o Pai sabia, Se Jesus não tinha a mesma vontade do Pai, ou a mesma força do Pai, então são partes separadas e desiguais entre si. O conceito de Trindade do cristianismo não é monoteísmo.

Há outra questão a respeito das aparições de Deus na Bíblia. Há mais do que apenas três manifestações de Deus nas Escrituras Hebraicas. Temos, é claro, os Espírito de Deus, conforme mencionado em Gênesis 1:2:

E a terra era sem forma e vazia; e havia trevas
sobre a face do abismo; e o Espírito de Deus se movia
sobre a face das águas.

E a terra era sem forma e vazia; e havia trevas
sobre a face do abismo; e o Espírito de Deus (Ruah
Eloim) se movia sobre a face das águas.

Mas também existe um espírito mau da parte de Deus, como lemos em 1 Samuel 16:23:

> *E sucedia que, quando o espírito mau, da parte de Deus (Ruah Eloim Raah), vinha sobre Saul, Davi tomava a harpa e a tocava com a sua mão; então, Saul sentia alívio e se achava melhor, e o espírito mau se retirava dele.*

Tem também o Espírito da Mentira de Deus em I Reis 22:23:

> *Agora, pois, eis que o Eterno pôs o espírito da mentira na boca de todos estes teus profetas, e o Eterno falou mal contra ti.*

Em Êxodo 12:23, está dito que Deus vai ferir os egípcios. Mais adiante no mesmo versículo, porém, vemos que é o Destruidor que fere os egípcios:

> *Porque o Eterno passará para ferir aos egípcios, porém, quando vir o sangue na verga da porta e em ambas as ombreiras, o Eterno passará aquela porta e não deixará ao destruidor entrar em vossas casas para vos ferir.*

Se cada manifestação de Deus é uma entidade diferente, então o Destruidor deve ser visto como uma pessoa de Deus, tanto quanto Jesus e o Espírito Santo, o Espírito de Deus são vistos como pessoas de Deus. A isso podemos adicionar que o Espírito da Mentira em Deus também deve ser visto como uma pessoa de Deus w também o espírito mau da parte de Deus deve ser visto como uma pessoa de Deus. Isso significaria que, ao invés de ter um Trindade Cristã com o Pai, o Filho e o Espírito Santo, os cristãos têm o Pai, o Filho, o Espírito Santo, o Espírito da Mentira, o Espírito mau da parte de

Deus e o Destruidor. Isso nem inclui a sarça ardente, ou a coluna de fogo à noite e a coluna de nuvens durante o dia que acompanhou os hebreus quando eixaram a escravidão no Egito, de acordo com Êxodo 13:21-22.

Por que a comunidade cristã parou nas três pessoas da Trindade, quando podiam ter tido mais pessoas na suposta unidade composta de Deus? O motivo é que as maiores divindades em outras religiões também se apresentam em três.

A Babilônia tinha:	[1] Anu	[2] Bel	[3] Ena
A Índia tinha:	[1] Brahma	[2] Vishnu	[3] Shiva
A Roma antiga tinha:	[1] Júpiter	[2] Plutão	[3] Netuno
A Grécia Antiga tinha:	[1] Zeus	[2] Hades	[3] Posseidon

Então, a comunidade cristã pegou sua própria Trindade, feita apenas com o Pai, o filho e o Espírito Santo, enquanto desconheceu o Espírito da Mentira, o Espírito Mau, o Destruidor e outras manifestações na Bíblia de Deus.

Aos judeus se ensina que Deus é único que Deus é indivisível. Esse ensinamento se encontra em toda a Escritura Hebraica. Em Isaías 44:6, Deus nos fala:

*Eu sou o primeiro e eu sou o último, e fora de mim
não há Deus.*

Quando Isaias nos diz que Deus falou: "Eu sou o primeiro", isso quer dizer que Deus não tem pai. Quando Isaías nos diz que Deus falou "Eu sou o último", isso quer dizer que Deus não tem filho literalmente falando. Quando Isaías nos diz que Deus falou: "Fora de mim, não há Deus", isso quer dizer que Deus não divide "ser Deus" com nenhum outro Deus, ou semideus, ou "pessoas" de Deus.

É por isso que Deus nos diz nos Dez Mandamentos em Êxodo 20:3

Não terás outros deuses diante de mim.

Mesmo que você pense que há outros deuses, você não poderá ter esses deuses diante do Deus único. Você não ora para eles para chegar a Deus, e não ora em nome deles. Fazer isso seria colocá-los "na frente de Deus". Por exemplo, para alguns, a riqueza é tratada como se fosse um deus. Aqui em Êxodo, somos ensinados a não nos apegarmos às coisas que tratamos como se fosse deuses, frente a Deus. Deus vem antes

Os missionários cristãos podem dizer, ao falar de Jesus: "Eis aqui vosso Deus", mas a última vez que ouvimos alguma coisa parecida foi em Êxodo 32:4, quando os ex escravos apontaram para o Bezerro de Ouro e disseram "Estes são teus deuses (Eilay elohecha)".

A visão Judaica de Deus contrasta com a visão cristã de Deus, e as duas visões não são do mesmo Deus. Por esse motivo, o cristianismo adora um deus falso que pode ser dividido em partes separadas e desiguais uma das outras, e isso quer dizer que a visão de Deus do cristianismo não é monoteísmo.

Capítulo 2

DEUS NÃO É UM HOMEM

Os judeus acreditam que Deus é Deus e que os homens são homens. Mais ainda, acreditamos que Deus não se torna homem e que um homem não se torna Deus. Por toda a Escritura Hebraica, desenha-se um nítido contraste entre Deus, de um lado, e seres humanos, de outro. Por exemplo, há uma reprimenda contra qualquer humano que afirme ser Deus, ou divino, como lemos em Ezequiel 28:2. Aqui, Deus envia Ezequiel para repreender o príncipe de Tiro por acreditar que era Deus:

> *Filho do homem, dize ao príncipe de Tiro: Assim diz o Eterno Jeová: Visto como se eleva o teu coração, e dizes: Eu sou Deus e sobre a cadeira de Deus me assento no meio dos mares (sendo tu homem e não Deus); e estimas o teu coração como se fora o coração de Deus,*

Em Oseias, 11:9, está dito que Deus não é um homem:

> *Não executarei o furor da minha ira; não voltarei para destruir Efraim, porque eu sou Deus e não homem, o Santo no meio de ti; eu não entrarei na cidade.*

Em Números e em 1 Samuel há versículos em que Deus nos diz especificamente que se Deus fosse homem, então seria um mentiroso, pois todos os homens mentem ocasionalmente. Esses versículos nos dizem que se deus fosse humano, ele teria que se arrepender, porque todos os seres humanos cometem pecados em algum momento na vida. Finalmente, esses versículos nos dizem que se Deus fosse humano, ele faria promessas, mas não as cumpriria:

Números 23:19 *Deus não é homem, para que minta; nem filho de homem, para que se arrependa; porventura, diria ele e não o faria? Ou falaria e não o confirmaria??*

1 Samuel 15:29 *E também aquele que é a Força de Israel não mente nem se arrepende; porquanto não é um homem, para que se arrependa.*

Esses versículos deixam claro que Deus não é homem. Deus não mente, Deus não peca e Deus não quebra promessas como o homem faz, e como Deus faria se Deus fosse ase tornar homem. Deus é Deus e os homens são homens. Deus não vira homem e o homem não vira Deus.

Tem três dias santos judaicos que celebram exatamente essa ideia. São a festa de Pessach, o Hanucá e o Purim.

A Páscoa

A Páscoa é a celebração do Êxodo dos judeus da escravidão no Egito. Deus tirou os judeus da escravidão realizando milagres, que vieram na forma de pragas. Essas pragas não eram apenas contra Faraó e os egípcios, como muitos pensam, mas contra os deuses dos egípcios também.

Êxodo 12:12: *E eu passarei pela terra do Egito esta noite e ferirei todo primogênito na terra do Egito, desde os homens até aos animais; e sobre todos os deuses do Egito farei juízos. Eu sou o Eterno.*

Por exemplo, os egípcios adoravam o Nilo (deificado como o deus egípcio Hapi), mas Moisés, em nome de Deus feriu o Nilo e ele sangrou. Os egípcios também adoravam o sol, Rá. Mas uma das pragas de Deus foi três dias de escuridão. As pragas de gafanhotos e de granizo que destruíram as colheitas foram contra os deuses egípcios da colheita. Finalmente, a última praga foi contra os primogênitos que viravam sacerdotes desses deuses egípcios. Como Faraó era considerado como deus pelos egípcios, o texto de Êxodo 11:5 nos conta que a praga da morte dos primogênitos tells us that the plague of the death of the firstborn went all the way to the throne of Pharaoh:

E todo primogênito na terra do Egito morrerá, desde o primogênito de Faraó, que se assenta com ele sobre o seu trono, até ao primogênito da cerva que está detrás da mó, e todo primogênito dos animais.

O feriado da Páscoa é uma maneira de dizer: – Desculpe, Faraó, mas não és deus!

Hanucá

Antíoco da Síria queria unificar seu império transformando todos seus habitantes em helenistas – seguidores de Zeus. Mas os judeus se recusaram, é claro, porque eles acreditavam, e ainda acreditam. Em um Deus único. Antíoco enxergou isso como uma insurreição e começou a perseguir os judeus. Antíoco chamava a si mesmo de Antíoco Epifânio, que quer dizer "Antíoco, manifesto por Deus". Os judeus acabaram se rebelaram, dando origem ao Hanucá. A fes6a de Hanucá é uma maneira de dizer : – Desculpe, Antíoco, você não é Deus!.

Purim

A festa do Purim é o feriado que celebra os eventos do livro bíblico de Ester. Nessa história há um personagem chamado Hamã que detestava os judeus porque o herói judeu Mardoqueu não se curvava diante dele. A rainha Ester intercedeu em nome de seu povo, o que levou à norte de Hamã e à festa do Purim.

A festa do Purim é uma forma de dizer: – Desculpe, Hamã, você não é Deus!

Cada uma dessas três festas celebra as ideias de que Deus é Deus, homens são homens, Deus não vira homem e os homens não viram Deus.

Isso quer dizer que a distinção entre Deus e o homem é básica para a fé do povo judaico, o cristianismo não faz essa distinção, uma prática que também era comum no antigo mundo pagão. A descrição simples "sua mãe era humana e seu pai era um Deus" soa como Jesus. Entretanto, também é uma descrição de Hércules, cuja mãe humana era Alcmena, e cujo pai era Zeus. Também é uma descrição de Dionísio, cuja mãe humana era Sêmele, e cujo pai também era Zeus. Também era descrição de Perseu, cuja mãe era humana era Dânae e cujo pai era, de novo, Zeus. Mais ainda, Dânae não foi fecundada por Zeus por meio de um ato sexual, mas sim de uma chuva de ouro. Isso significa que o nascimento de Perseu foi como o de uma virgem.

A teologia do judaísmo é uma de absoluto monoteísmo, e separa o homem e Deus. A confusão entre o Homem e Deus é um marco distinto de fés pagãs. A teologia do cristianismo é bem mais perto dos deuses salvadores de homens do helenismo e do romanismo do que qualquer coisa que se encontre na Bíblia ou no judaísmo.

CAPITULO 3

SATANÁS VERSUS O DIABO

Os judeus acreditam na existência de Satanás, e não na existência do Diabo. Há uma diferença entre o conceito de Satanás e o conceito de Diabo, muito embora as palavras Satanás e Diabo sejam usadas alternadamente no cristianismo.

Para os judeus, qualquer coisa que entre em choque ainda que remotamente com a ideia de que Deus é único e indivisível será rejeitada porque isso exclui o monoteísmo puro e verdadeiro, conforme discutimos no Capítulo Primeiro. A ideia de que existe um Deus nos céus que luta contra um Deus do submundo por almas humanas não se encaixa no monoteísmo. Outras fés têm essa mesma dualidade:

Os gregos antigos tinham:	Zeus/Hades
Os romanos antigos tinham:	Júpiter/Plutão
O cristianismo tem:	Deus/Diabo

Agora, é claro, o judaísmo e a Bíblia falam de um personagem chamado "Satanás". Quase toda vez que o termo é utilizado nas Escrituras Hebraicas, está escrito "HaSaTaN", que quer dizer "O Satanás". Na maioria das traduções, no entanto, não há o artigo.

O conceito de Satanás é radicalmente diferente da ideia de Diabo. Para os cristãos, o Diabo tem poder e autoridade em si mesmo, e sobre si mesmo. No entanto, na Bíblia, Satanás só tem o poder concedido por Deus, e não tem autoridade. Satanás só é descrito em alguns lugares nas Escrituras Hebraicas, e, em todas as vezes, ele é um anjo que trabalha *para* Deus, não contra Deus, e precisa da permissão de Deus para tudo que faz. Crônicas, Jó, Salmos e Zacarias são os únicos lugares nas Escrituras Hebraicas em que Satanás é mencionado. Em cada uma dessas vezes, a descrição da tarefa do satanás é a de agir como um procurador de justiça atual. Ele acusa e mostra provas contra alguém em julgamento. Mais ainda, como um procurador de justiça, Satanás tem que obter permissão de Deus, o Juiz, para começar sua acusação.

Na citação a seguir do livro de Jó, repare quem está falando, quando Satanás pede permissão a Deus para agir contra Jó:

> Jó 2:3-6: *E disse o Eterno a Satanás: Observaste o meu servo Jó? Porque ninguém há na terra semelhante a ele, homem sincero e reto, temente a Deus, desviando-se do mal, e que ainda retém a sua sinceridade, havendo-me tu incitado contra ele, para o consumir sem causa. 4 Então, Satanás respondeu ao Eterno e disse: Pele por pele, e tudo quanto o homem tem dará pela sua vida. 5 Estende, porém, a tua mão, e toca-lhe nos ossos e na carne, e verás se não blasfema de ti na tua face! 6 E disse o Eterno a Satanás: Eis que ele está na tua mão; poupa, porém, a sua vida.*

Nos versículos acima, Satanás obtém permissão de Deus para agir contra Jó, que lhe é concedida no versículo 6, acima. Satanás não tem poder ou autoridade própria, assim como um procurador de justiça no sistema judicial norte americano, precisa obter permissão do juiz em tudo que faz. Da mesma forma, também Satanás precisa de autorização.

Além disso, o texto bíblico pinta o mesmo quadro de Satanás no que parece ser o final de uma cena de tribunal. Nas duas citações seguintes, Satanás está diante do acusado como um procurador de justiça fica ao final de um drama de tribunal desses da televisão. O primeiro anjo de Deus mencionado abaixo é como um advogado de defesa, enquanto Satanás é seu acusador, como o promotor, ou procurador de justiça.

> Zacarias 3:1-2 *E me mostrou o sumo sacerdote Josué, o qual estava diante do anjo do Eterno, e Satanás estava à sua mão direita, para se lhe opor. 2 Mas o Eterno disse a Satanás: O Eterno te repreende, ó Satanás, sim, o Eterno, que escolheu Jerusalém, te repreende; não é este um tição tirado do fogo?*

> Salmos 109:6-7 *Põe acima do meu inimigo um ímpio, e Satanás esteja à sua direita. 7 Quando for julgado, saia condenado; e em pecado se lhe torne a sua oração.*

O que está acontecendo nos versículos de Zacarias, acima? Josué, o Sumo Sacerdote, parece estar em julgamento. Ele foi um dos que foram levados em cativeiro para o exílio, na Babilônia. Era hora de retornar a Jerusalém para reconstruir o templo. Satanás, o acusador, argumenta que Josué, o Sumo Sacerdote, não tem o direito de retornar, uma vez que ele foi um dos culpados que foram exilados. No entanto, Deus, o juiz, está dizendo que Josué era como "um tição retirado do fogo", significando que o exílio o tinha purificado, e que Deus estava do lado da Defesa, contra Satanás, o advogado de acusação.

Existe também um versículo na Bíblia que mostra que é Deus, o Criador e Comandante de todo o universo, que é o responsável tanto pelo bem quanto pelo mal, e não um diabo ou deus do submundo que é o responsável pelo mal.

> Isaías 45:5-7 *Eu sou o Eterno, e não há outro; fora de mim, não há deus; eu te cingirei, ainda que tu me*

não conheças. 6 Para que se saiba desde o nascente do sol e desde o poente que fora de mim não há outro; eu sou o Eterno, e não há outro. 7 Eu formo a luz e crio as trevas; eu faço a paz e crio o mal; eu, o Eterno, faço todas essas coisas.

Em muitos pontos de nossa cultura popular, vê-se a ideia cristã de que o Diabo compete com Deus por almas humanas. A frase que se ouve com frequência é que o diabo pode enfeitiçar alguém para "vender sua alma ao diabo". Isso simplesmente também não é bíblico. É Deus quem é o dono de nossas almas, e Deus dão nossas almas a nós temporariamente enquanto estamos vivos nessa Terra. Não podemos vender o que não nos pertence. Como nos ensina Ezequiel 18:4:

Eis que todas as almas são minhas; como a alma do pai, também a alma do filho é minha; a alma que pecar, essa morrerá...

E, no final de nossas vidas, nossa alma retorna para Deus, que no-la emprestou

Eclesiastes 12:7: e o pó volte à terra, como o era, e o espírito volte a Deus, que o deu.

Para Deus, para a Bíblia, e para o judaísmo, ter uma entidade que compete com Deus, que tem poder e autoridade próprios, é igual a ter dois deuses, e isso viola a ideia básica do judaísmo Bíblico sobre monoteísmo.

Alguns cristãos podem argumentar que o Diabo não é um Deus, mas, simplesmente, um anjo caído, um que tento derrubar Deus nos céus, e que foi expulso junto com aqueles que o seguiram e se tornaram seus demônios.

Existe um versículo nas Escrituras Hebraicas que parece refletir esse conceito:

> Isaias 14:12-14: *Como caíste do céu, ó estrela da manhã, filha da alva! Como foste lançado por terra, tu que debilitavas as nações! 13 E tu dizias no teu coração: Eu subirei ao céu, e, acima das estrelas de Deus, exaltarei o meu trono, e, no monte da congregação, me assentarei, da banda dos lados do Norte. 14 Subirei acima das mais altas nuvens e serei semelhante ao Altíssimo.*

Se formos olhar para todo o conceito em que esse versículo se encontra, começando com Isaías 14:4, vamos ver que toda essas seção é dedicada ao rei da Babilônia, que acreditava ser um Deus.

> Isaías 14:4: *então, proferirás este dito contra o rei da Babilônia e dirás: Como cessou o opressor! A cidade dourada acabou!*

A passagem inteira escarnece do rei da Babilônia por ter sido tão arrogante e como foi humilhado depois. O versículo o compara a uma estrela cadente. Na verdade, o versículo nessa tradução utiliza o nome Lúcifer, que é Latim para "portador de luz" e se refere ao Planeta Vênus no céu da manhã, também chamado de "Estrela d'alva". Os versículos estão dizendo que quando Vênus, estrela d'alva, anuncia o novo dia, mas cai no horizonte quando o sol se levanta, da mesma forma o rei da Babilônia se eleva na noite mas cai de seu lugar elevado.

Essa interpretação destes versículos não tem origem no judaísmo, mas em antigas religiões pagãs. De acordo com os textos religiosos encontrados em Ras Shamra na Síria antiga, Astar tentou destronar o deus Baal, mas, ao invés disso, desceu dos céus para se tornar deus do submundo.

Embora alguns cristãos afirmem que o Diabo não é um Deus, é assim que seu Novo testamento o desenha.

Primeiro, nos evangelhos, Jesus é tentado pelo Diabo em Lucas 4:1-13:

> *E Jesus, cheio do Espírito Santo, voltou do Jordão e foi levado pelo Espírito ao deserto. 2 E quarenta dias foi tentado pelo diabo, e, naqueles dias, não comeu coisa alguma, e, terminados eles, teve fome. 3 E disse-lhe o diabo: Se tu és o Filho de Deus, dize a esta pedra que se transforme em pão. 4 E Jesus lhe respondeu, dizendo: Escrito está que nem só de pão viverá o homem, mas de toda palavra de Deus. 5 E o diabo, levando-o a um alto monte, mostrou-lhe, num momento de tempo, todos os reinos do mundo. 6 E disse-lhe o diabo: Dar-te-ei a ti todo este poder e a sua glória, porque a mim me foi entregue, e dou-o a quem quero. 7 Portanto, se tu me adorares, tudo será teu. 8 E Jesus, respondendo, disse-lhe: Vai-te, Satanás, porque está escrito: Adorarás o Eterno, teu Deus, e só a ele servirás. 9 Levou-o também a Jerusalém, e pô-lo sobre o pináculo do templo, e disse-lhe: Se tu és o Filho de Deus, lança-te daqui abaixo, 10 porque está escrito: Mandará aos seus anjos, acerca de ti, que te guardem 11 e que te sustenham nas mãos, para que nunca tropeces com o teu pé em alguma pedra. 12 E Jesus, respondendo, disse-lhe: Dito está: Não tentarás ao Eterno, teu Deus. 13 E, acabando o diabo toda a tentação, ausentou-se dele por algum tempo.*

Aqui em Lucas, assim como em Mateus 4, o Diabo tenta Jesus. Uma vez que o próprio Jesus cita Deuteronômio 6:16, *Não tentareis o Eterno, vosso Deus*, para o Diabo, e o Diabo estava tentando tentar a Jesus, significa que o Diabo não reconhecia Jesus como sendo

Divino. Além disso, os versículos acima dizem que o Diabo mostrou a Jesus todos os reinos do mundo, argumentando que tinha o poder de dá-los a outra pessoa. Somente o deus desse século teria esse poder, que é como Paulo se refere ao Diabo em 2 Coríntios 4:4:

> *nos quais o deus deste século cegou os entendimentos dos incrédulos, para que não lhes resplandeça a luz do evangelho da glória de Cristo, que é a imagem de Deus.*

Os versículos acima, de 2 Coríntios, em grego, utilizam o termo "theos" para a palavra "deus", tanto na frase "o deus desse século", isto é, o Diabo tanto quanto na frase "a imagem de Deus". E assim, para o Diabo ser "theos" tanto quanto Deus é "theos", significa que o cristianismo vê o Diabo como Deus.

Outro nome para o Diabo no Novo Testamento é "Belzebu", encontrado em Mateus 12, Marcos 3, e Lucas 11. Esse nome, que em hebraico é "baal-zevoov", significa "Eterno das Moscas". O termo "Eterno" ou "Baal" é usado para se referir ao Diabo, da mesma forma que o termo "Eterno" é utilizado para se referir a Jesus ou a Deus. Além disso, "Baal" era o nome de um deus no mundo pagão antigo.

O Novo Testamento justapõe Deus, o Governante dos Céus, ao Diabo, deus desse século. Isso não é monoteísmo, mas, sim, politeísmo e Deus, o judaísmo e a Bíblia, rejeitam isso como tal.

Capítulo 4

A NATUREZA DA HUMANIDADE

O conceito cristão de pecado original é que, porque Adão e Eva pecaram no Jardim do Éden, todos os seres humanos nascem não apenas com uma tendência a pecar, mas também com a culpa de Adão e Eva. Por causa dessa culpa, todos os seres humanos morrem, como lemos em 1 Coríntios 15:21-22:

> *Porque, assim como a morte veio por um homem,*
> *também a ressurreição dos mortos veio por um homem.*
> *22 Porque, assim como todos morrem em Adão, assim*
> *também todos serão vivificados em Cristo..*

O conceito de que morremos pelo pecado de Adão e Eva no Jardim do Éden simplesmente não é bíblico. O texto bíblico nos diz que Adão e Eva não foram removidos do Jardim do Éden porque pecaram. A primeira vez que a Bíblia utiliza o termo "pecado" não é em referência a Adão e Eva, mas em referência ao ciúme de Caim contra Abel em Genesis 4:7. Ao contrário do que se pensa, Adão e Eva foram removidos do Jardim do Éden porque havia outra árvore no jardim da qual Deus não queria que eles comessem. Essa árvore era a Árvore da Vida.

Gênesis 3:22-24 *Então, disse o Eterno Deus: Eis que o homem é como um de nós, sabendo o bem e o mal; ora, pois, para que não estenda a sua mão, e tome também da árvore da vida, e coma, e viva eternamente, 23 o Eterno Deus, pois, o lançou fora do jardim do Éden, para lavrar a terra, de que fora tomado. 24 E, havendo lançado fora o homem, pôs querubins ao oriente do jardim do Éden e uma espada inflamada que andava ao redor, para guardar o caminho da árvore da vida.*

Se, de acordo com a teologia cristã sobre o pecado original, eu morrerei porque Adão e Eva pecaram, isso viola a primeira parte de Deuteronômio 24:16:

Os pais não morrerão pelos filhos, nem os filhos, pelos pais; cada qual morrerá pelo seu pecado..

Eu não vou morrer porque Adão e Eva pecaram. Isso vai contra o que a Bíblia diz.

As pessoas sempre têm escolha. Você pode escolher entre a morte e a vida, mas é sua escolha. Se você não tiver livre arbítrio, não pode ser responsabilizado por suas escolhas porque nem teve chance de escolher. Se você é pecador porque nasceu assim, não é culpa sua que você peque. É, simplesmente, o jeito com que Deus te fez. Neste caso, se você pecar, não posso culpar você, ao contrário, tenho que culpar a Deus. Você não deve ser responsável por seus pecados porque Deus fez, de você, um pecador, Deus te trouxe ao mundo, sabendo que você seria um pecador. Mas, se você tiver livre arbítrio, se você puder escolher entre fazer o bem ou fazer o mal, aí, então, você é responsável por suas próprias escolhas e seu próprio comportamento.

Qualquer pessoa que tenha tido um cachorro provavelmente se lembra de ter chamado seu baixinho de "cachorro bom". Mas será que o cachorro é capaz de fazer uma escolha moral que te leve a chama-lo de "bom"? Não, O cachorro só conhece recompensa e castigo.

Se você pensar, a mesma situação se aplica a Adão e Eva. Antes de comer o fruto da Árvore do Conhecimento da Diferença entre o Bem e o Mal, Adão e Eva não sabiam a diferença entre o bem e o mal. Como não sabiam a diferença entre o bem e o mal, não sabiam que era do mal desobedecer a Deus comendo da árvore. Portanto, eles não estão cometendo pecado; não estão fazendo uma escolha moral entre o bem e o mal ao comer o fruto. Como mencionei antes, a palavra "pecado" nem é utilizada na Bíblia para se referir a Adão e Eva. É por isso que a Bíblia nunca se referiu ao caso como um pecado.

O Gênesis também menciona outra árvore no Jardim do Éden, que era a Árvore da Vida. Se Adão e Eva tinham que comer da Árvore da Vida para se tornarem imortais, então Deus começou tornando-os mortais. Adão e Eva foram criados de maneira que a morte era parte natural de sua existência, desde o momento de sua criação.

O texto bíblico completo de Gênesis 3:22-24 nos conta que Adão e Eva eram quase como Deus e os anjos, e eram "quase" porque Deus e os anjos sabiam a diferença entre o bem e o mal. No entanto, eles também são imortais. Como Adão e Eva comeram o fruto da Árvore do conhecimento do Bem e do Mal, eles, como Deus e os anjos, souberam a diferença entre o bem e o mal. Contudo, Adão e Eva ainda não eram imortais porque não tinham comido da Árvore da Vida. Se tivessem podido comer também da Árvore da Vida, teriam se tornado totalmente como Deus e os Anjos, porque saberiam diferença entre o bem e o mal e também teriam se tornado imortais. Portanto, Deus separou Adão e Eva da Árvore da Vida, forçando-os a deixarem o jardim, e Deus bloqueou o caminho da Árvore da Vida com querubins e com a espada em chamas. É explicitamente isso que nos dizem os versículos de gênesis 3:22-24. Isso quer dizer que Adão e Eva não trouxeram a morte ao mundo. Nós, humanos, não morremos por causa do pecado deles. Morremos porque Deus fez da morte parte natural da vida desde o momento da criação.

Também Podemos ver que a morte foi criada como parte natural da vida a partir do primeiro mandamento de Deus aos animais, em Gênesis 1:22. Isso foi antes da criação de Adão e Eva, que está em Gênesis 1:26. Deus manda que eles frutifiquem, e se multipliquem. Por que? Para que pudessem se substituir, uma vez que eles também foram feitos mortais.

Lembrem-se também que ninguém pode morrer por seus pecados, o que será discutido no capítulo VI. Isso quer dizer que mesmo que alguém acreditasse que Adão e Eva cometeram pecado no Jardim do Éden (o que não fizeram), seus descendentes não podem morrer, e não morrem, por culpa de qualquer pecado cometido por Adão e Eva.

De maneira geral, os pais querem que seus filhos cresçam e deixem suas casas. Deus, o pai perfeito, também quer que Adão e Eva "deixem a casa", para serem mais independentes. Como é que um filho "cresce" e prova sua independência? Com desobediência. E, com a desobediência, o filho é forçado a assumir a responsabilidade por seu comportamento e se tornar um adulto. Adão e Eva são os filhos sendo forçados a "sair de casa". Após comerem da árvore, eles sabem a diferença entre o bem e o mal. Estão crescendo e são obrigados a saírem de casa, por sua própria conta porque têm livre arbítrio. Por terem a capacidade de escolher entre o bem e o mal, eles agora são responsáveis e capazes de fazer qualquer escolha, como todos os adultos.

É assim que o mundo funciona. Nascemos no mundo inocentes e sem saber as diferenças entre o certo e o errado. Mas, à medida que crescemos, aprendemos, e tomamos nossas próprias decisões, agimos por conta própria, e nos tornamos responsáveis por nossas próprias escolhas. É assim que a Bíblia trata Adão e Eva e nos conta a saga do crescimento. Nós não sofremos pelos pecados de Adão e Eva, eles não trouxeram a morte para o mundo, morremos porque é assim que deus fez o mundo desde o momento da criação. Ver o Gênesis de qualquer outra maneira não é bíblico.

CAPÍTULO 5

A LEI JUDAICA

Antes de contrastarmos a visão judaica da lei judaica com a visão cristã da lei judaica, temos que entender sobre o que estamos falando quando dizemos "lei judaica". No tempo de Jesus, havia, em primeiro lugar e acima de tudo, as leis de Deus passadas ao Povo de Israel por meio de Moisés, que se encontra na Torá. Quando os autores do Novo Testamento escreviam "a lei", eles se referiam, principalmente, a essas leis que se encontram na Torá, assim como no resto da Escrituras Hebraicas, que, na época, estavam passando pelo processo de serem normalizadas coo o cânone bíblico judaico. Adicionalmente, Jesus faz referências às leis mais antigas dos fariseus, que foram os precursores dos rabinos. Além das leis dadas por Deus nas Escrituras Hebraicas e das leis que já tinham sido estabelecidas pelos fariseus, não havia outras leis judaicas.

De todos os livros no Novo Testamento cristão, a maioria foi escrita por Paulo. Na verdade, a teologia de Paulo impactou o cristianismo mais do que a de Jesus, conforme veremos. Parece haver uma diferença entre a visão de Jesus da lei judaica, e a visão de Paulo dessas mesmas leis.

Com relação às leis de Deus passadas aos judeus por meio de Moisés, Jesus declara em Mateus 5:17-20:

Não cuideis que vim destruir a lei ou os profetas;
não vim ab-rogar, mas cumprir. 18 Porque em

verdade vos digo que, até que o céu e a terra passem,
nem um jota ou um til se omitirá da lei sem que tudo
seja cumprido. 19 Qualquer, pois, que violar um destes
menores mandamentos e assim ensinar aos homens será
chamado o menor no Reino dos céus; aquele, porém,
que os cumprir e ensinar será chamado grande no
Reino dos céus. 20 Porque vos digo que, se a vossa
justiça não exceder a dos escribas e fariseus, de modo
nenhum entrareis no Reino dos céus.

Nos versículos acima, Jesus respeita a lei judaica, tanto quanto as leis dos fariseus, e não quer modificar nenhum aspecto de nenhuma delas.

Além disso, Jesus, declarou em Mateus 23:1-3, a respeito das leis dos fariseus (novamente, os precursores dos rabinos):

Então, falou Jesus à multidão e aos seus discípulos,
2 dizendo: Na cadeira de Moisés, estão assentados os
escribas e fariseus. 3 Observai, pois, e praticai tudo o
que vos disserem; mas não procedais em conformidade
com as suas obras, porque dizem e não praticam.

Ao dize que os fariseus, assim como os escribas, "estão assentados na cadeira de Moisés", Jesus estava dizendo que têm a mesma autoridade que Moisés tinha, e que eles devem ser obedecidos. Isso significa que, aqui, Jesus estava dizendo que as leis da Bíblia, tanto quanto as leis dos fariseus (que se tornaram rabinos), devem ser obedecidas. A objeção de Jesus não era contra as leis dos fariseus, mas, ao contrário, era contra o fato de que os próprios fariseus não as obedeciam. Jesus atacava sua hipocrisia, e não suas leis, ele estava orientando seus seguidores a seguirem suas leis.

Conforme veremos, Paulo tinha uma visão muito negativa da lei judaica, e são as visões de Paulo que prevaleceram no cristianismo, mais do que a visão de Jesus das leis judaicas. Por outro lado, quem não era judeu nunca foi ordenado por Deus a seguir suas leis. O único povo que estava no Monte Sinai eram os judeus, os hebreus e os egípcios que foram com eles e se tornaram judeus, em consequência. Uma vez que o cristianismo foi constituído massivamente por gentios, por não judeus, não havia razão para que eles seguissem as leis bíblicas já que os gentios não receberam os mandamentos, pra começar.

Há muitos mal-entendidos que o cristianismo sustenta em relação à lei judaica. Nem todas essas visões são derivadas de Paulo. Muitas podem parecer conhecidas para o leitor.

Alguns dos mal-entendidos do cristianismo:

1. As leis judaicas se referem apenas a rituais
2. Judeus adicionaram cada vez mais leis à Bíblia que são desnecessárias e não são divinas
3. O propósito da lei judaica é condenar aqueles que não as obedecem
4. Os judeus seguem a lei judaica para se justificarem, terem sua culpa redimida, para que possam ir para o céu
5. Há leis judaicas demais para uma pessoa obedecer, ninguém consegue obedecer a cada uma delas
6. Infringir qualquer lei judaica é igual a infringir qualquer outra lei, e infringir uma lei é igual a infringir todas
7. A observância ou a obediência à lei judaica é uma proposição do tipo tudo ou nada
8. As leis judaicas se tornam obsoletas, caso alguém obedeça ou cumpra essas leis
9. Com a punição de uma pessoa, os pecados de outra pessoa podem ser removidos.

1. As leis judaicas se referem apenas a rituais

O estereótipo é que as leis judaicas são todas sobre os rituais detalhados que têm que ser seguidos em uma base diária. Simplesmente, isso está errado. Se pegarmos a Bíblia para ler, veremos algo muito interessante. As leis judaicas foram criadas para as mesmas coisas e pelas mesmas razões que a vizinhança ou que a cidade ou estado criam leis.

Se o meu cachorro está correndo pelo seu jardim e cai em um buraco que você cavou por qualquer motivo, e quebra sua perna, o que acontece? Quem é responsável? Essa lei é uma lei de ritual, na essência? Ao contrário do mito segundo o qual as leis judaicas são apenas sobre rituais, essa mesma lei pode ser encontrada na Torá em Êxodo 21:33-34Ç

> *Se alguém abrir uma cova ou se alguém cavar uma cova e não a cobrir, e nela cair um boi ou jumento, 34 o dono da cova o pagará, ao seu dono o dinheiro restituirá; mas o morto será seu.*

Se vamos construir uma casa, há leis, códigos de edificação, que governam como a sua casa tem que ser construída, e como se deve garantir a segurança daqueles que vão morar na casa e próximo a ela. Isso também está na Bíblia, em Deuteronômio 22:8:

> *Quando edificares uma casa nova, farás no telhado um parapeito, para que não ponhas culpa de sangue na tua casa, se alguém de alguma maneira cair dela.*

O versículo acima manda que os judeus construam uma cerca ao redor do telhado da casa, para que ninguém caia dele, na verdade um código de construção bíblico.

É claro que há leis judaicas relacionadas aos rituais judaicos. Nos Estados Unidos da América, há leis que governam como se exibe a bandeira americana e como se recita o Juramento à Bandeira, que também são rituais. Mas é preciso entender que a lei judaica também governa áreas que não têm nada a ver com rituais. Na verdade, a maioria das pessoas configurariam essas leis como um código civil, mas elas permanecem como parte de nossas leis religiosas judaicas, leis judaicas, com nenhuma diferença das leis de qualquer nação, cobrem exatamente os mesmos assuntos, rituais, processo legal, responsabilidades, códigos de construção etc. a diferença é que, para os judeus, essas leis e as outras leis são leis que são derivadas dos mesmos valores bíblicos passados por Deus também são consideradas como se tenham sido passadas por Deus.

2. Os judeus adicionaram cada vez mais leis desnecessárias e que não são divinas

Onde diz, na constituição norte americana, que alguém deve dirigir um carro a 30 km/h em área escolar? É claro que a constituição dos E.E.U.U. não contém leis que digam respeito a automóveis. O motivo é que não haviam inventado automóveis ainda, na época em que a constituição foi escrita. Quando o carro foi inventado, novas leis, d acordo com os valores encontrados na constituição tiveram que ser criadas para cobrir as novas situações criadas por essa nova invenção. É por isso que nem todas as leias norte americanas se encontram na constituição. Novas leis foram criadas para cobrir novas situações sequer imaginadas quando a Constituição foi escrita.

Isso também explica por que nem todas as leis judaicas podem ser encontradas na Bíblia. O judaísmo também tinha que aparecer com novas leis, de acordo com os valores divinos e com a ética da Bíblia, para as novas invenções e as novas situações que se desenvolveram depois do período bíblico. É por isso que existe a lei rabínica.

A vida norte americana hoje em dia não é definida apenas pelas leis criadas pelo Congresso nos últimos 200 anos ou mais, tanto quanto pela jurisprudência dos tribunais. De forma semelhante, o judaísmo não é apenas a religião da Bíblia, mas, ao contrário, o judaísmo também é a religião da interpretação rabínica da Bíblia. Há versículos da Bíblia que exigem interpretação, porque a Bíblia não fornece indicação sobre como se devem interpretá-los. Provavelmente, o exemplo mais óbvio se veja na lei bíblica de se colocar a mezuzá nos umbrais da casa. Tudo que diz em Deuteronômio 6:9 é:

> *E as escreverás nos umbrais de tua casa e nas tuas portas.*

A Bíblia nunca nos diz o que devia ser escrito, nem nos dá indicação sobre como ou onde esses mandamentos devem ser colocados nos umbrais. Para que seja feito, esse versículo exige interpretação esse exemplo simples nos mostra a necessidade da Lei Oral, a interpretação dos rabinos.

Não há diferença no cristianismo, que não é a religião do Novo Testamento mas é a religião da intepretação do Novo Testamento pelos líderes de diversas igrejas e denominações ao longo dos últimos 2000 anos ou mais.

A maneira com que os cristãos batizam as pessoas, e quando eles batizam alguém, pode mostrar como o cristianismo é o resultado da intepretação do Novo Testamento cristão, mais do que a religião do Novo Testamento. Os cristãos se dividem quanto à idade com que se deve ser batizado, e quanto à maneira com que se deve batizar alguém. Os católicos romanos batizam bebês no nascimento, enquanto a maioria dos protestantes só batizam uma pessoa quando ela já tem idade suficiente para entender o que significa ser batizado e aqueles que entendem o que significa aceitar Jesus como seu salvador. Os padres católicos batizam bebês aspergindo gotas de água na testa do bebê, enquanto muitas denominações protestantes só batizam por meio da imersão total da pessoa em água. Essas diferenças em como e quando alguém é batizado é resultado das diferentes interpretações do Novo Testamento pelas diversas denominações e suas lideranças. O Novo Testamento Cristão não é claro quanto a como ou quando deve ser o batismo Em um momento, em Atos 16:31, Jesus diz a um homem que, se ele acreditar, ele e toda sua casa serão salvos:

> *E eles disseram: Crê no Eterno Jesus Cristo e serás salvo, tu e a tua casa.*

Pode-se interpretar que isso significa que toda a casa estaria pronta para ser batizada se apenas o chefe da casa aceitasse o cristianismo, e isso podia incluir crianças pequenas. Essa interpretação pode justificar o batismo de infantes, cujos pais ou pai aceitasse Jesus.

O Novo Testamento cristão também não é claro quanto a como alguém deve ser batizado. O batismo como ritual cristão é derivado da história em Mateus em que o próprio Jesus é batizado:

> Mateus 3:16: *Batizado Jesus, saiu logo da água, e eis que se lhe abriram os céus, e viu o Espírito de Deus descendo como pomba, vindo sobre ele..*

Tudo que o texto diz é que, depois de ser batizado, "Jesus saiu logo da água". Não diz qual era a profundidade da água, poderia ser na altura dos tornozelos. Pode-se dizer que um homem que saiu de uma banheira, "sai da água", mas isso não quer dizer que seu corpo estava completamente submerso. Uma concha pode ser mergulhada na água, mas apenas o bojo da concha é colocado dentro da água, não a concha inteira, nem o cabo nem a mão que segura o cabo são submersos em nenhum momento, o texto do Novo Testamento não é claro quanto a como ou quando alguém deve ser batizado.

As denominações cristãs que interpretam esse versículo de Mateus 3:16 como se Jesus tivesse sido completamente submerso na água vão batizar seus fiéis da mesma forma, mergulhando a pessoa dentro da água. As denominações cristãs que interpretam o mesmo versículo como se Jesus não tenha sido totalmente mergulhado não exigirão uma imersão completa dentro da água em seus batizados.

A maneira como as diversas denominações cristãs interpretam esses versículos e incorporam suas intepretações em seus rituais não difere da forma em que os rabinos interpretam versículos das Escrituras Hebraicas e depois incorporaram essas interpretações rabínicas nos rituais judaicos. O Talmude e a Lei Oral são feitos de interpretações dos rabinos. Nesse aspecto, como o Talmude, as interpretações feitas pelos cristãos primitivos dos versículos de seu Novo Testamento foram aplicadas a situações novas e para resolver ovos problemas e sua tradição oral.

Os Judeus não adicionaram simplesmente cada vez mais leis às leis bíblicas já existentes. Eles se depararam com novas situações e tiveram que aplicar as leis bíblicas divinas e sua ética e seus valores bíblicos divinos a essas novas situações, de maneira a continuar a fazer a vontade de Deus. É por isso que as leis judaicas são consideradas como concedidas por Deus, independentemente de se encontrarem ou não dentro da Bíblia, do Talmude ou em outra literatura judaica.

3. O propósito da lei judaica é condenar aqueles que não as obedecem

No Novo Testamento, Paulo parece ter uma visão bastante negativa da Lei Judaica, as leis dadas por Deus ao povo judeu por meio de Moisés no Monte Sinai, tanto quanto das leis dadas posteriormente. Paulo escreve que essas leis foram dadas por Deus para ensinar aos judeus que eles eram pecadores e incapazes de cumpri-las de maneira a ensinar mais tarde que, ao fim, precisariam da morte redentora de Jesus na cruz para removê-los de sua culpa. O propósito dessas leis dadas por Deus, para Pulo e para o cristianismo, é o de nos ensinar que o que fazemos é errado, tornando-nos

JUDAÍSMO E CRISTIANISMO: UM CONTRASTE

pecadores, para que possamos entender que somente Jesus pode remover nossa culpa. Paulo escreve em Romanos 3:19-24:

> *Ora, nós sabemos que tudo o que a lei diz aos que estão debaixo da lei o diz, para que toda boca esteja fechada e todo o mundo seja condenável diante de Deus.*

Mais adiante, Paulo escreve em Gálatas 3:10-13, que a lei é uma maldição, porque sua função é ensinar ao povo que, uma vez que não conseguem guardar a lei, eles são amaldiçoados por ela. Desde a vinda de Jesus, a lei não é mais um compromisso para os que creem nele, e, portanto, seus seguidores não são mais condenados ou amaldiçoados pela Lei. Todos os que aceitarem Jesus são perdoados de seus pecados, e a lei não os amaldiçoa mais, uma vez que, sendo cristãos, não são mais obrigados a cumprirem essas leis:

> Gálatas 3:10-13 Todos *aqueles, pois, que são das obras da lei estão debaixo da maldição; porque escrito está: Maldito todo aquele que não permanecer em todas as coisas que estão escritas no livro da lei, para fazê-las. 11 E é evidente que, pela lei, ninguém será justificado diante de Deus, porque o justo viverá da fé. 12 Ora, a lei não é da fé, mas o homem que fizer estas coisas por elas viverá. 13 Cristo nos resgatou da maldição da lei, fazendo-se maldição por nós, porque está escrito: Maldito todo aquele que for pendurado no madeiro.*

Outro exemplo pode ser visto alguns versículos adianta, em Gálatas 3:23-25, onde Paulo escreve que a lei de Deus era como um tutor, ensinando aqueles a quem a lei foi dada, isto é, os judeus, que eles eram pecadores. No entanto, a fé em Jesus retirava os pecados que a inevitável desobediência às leis traria, significando que ninguém mais precisava da lei, da tutela.

> Gálatas 3:23-25 Antes *que viesse essa fé, estávamos sob a custódia da Lei, nela encerrados, até que a fé que haveria de vir fosse revelada. 24 Assim, a Lei foi o nosso tutor até Cristo, para que fôssemos justificados pela fé. 25 Agora, porém, tendo chegado a fé, já não estamos mais sob o controle do tutor[1].*

Paulo ensinou que a razão pela qual Deus tinha dado a lei era tornar os indivíduos cientes do fato de que eram pecadores, uma vez que não eram capazes de cumprir lei de forma perfeita. Como resultado de aprender a lei e saber que eram pecadores, as pessoas entenderiam que precisariam que Jesus morresse por seus pecados e retirá-los do estado de dominação pela culpa de seus pecados.

Em primeiro lugar, será que Deus daria uma lei que ele soubesse que ninguém conseguiria cumpri, e, depois, condenar a todos por não cumprirem a lei? É óbvio que não. Será que Deus é tão cruel que traria uma pessoa à vida, daria a essa pessoa uma lei ou pacote de leis que fosse incapaz de obedecer e, então, condenaria essa pessoa a uma eternidade de tortura por não cumprir a lei que lhe foi dada? Deus não é cruel. Se Deus é misericordioso, e Deus é um Deus de compaixão, de perdão, Deus não faria uma coisa dessas.

Qual é a razão, então, das Leis Judaicas? Deus, que é um Deus de compaixão, de misericórdia, de perdão, deu leis aos judeus pela mesma razão que um pai amoroso dá regras a seus filhos. Ele sabia que os filhos teriam vida melhor do que teriam sem qualquer lei. Pais que não amam seus filhos não dizem à criança: – Eu te amo, agora vá e faça o que você quiser. Pais amorosos estabelecem orientações para seus filhos, e fazem isso porque os amam, e querem o melhor para eles. Uma vida sem regras, sem disciplina sem orientações a serem

---

[1]   N.T. (Nova Versão Internacional)

seguidas, vai se transformar em uma vida de egoísmo e crueldade para com os outros. Além disso, quando pais dão aos filhos essas leis, não quer que os filhos obedeçam para agradá-los, mas sim porque as leis são para o próprio bem dos filhos.

Para entender como as leis funcionam no judaísmo, vamos utilizar uma analogia de dirigir um carro. Essa analogia das leis judaicas à condução de veículos pode ajudar a entender muitos aspectos da lei judaica.

Alguém gostaria de viver em uma cidade em que não houvesse leis para governar a forma com que se dirige um carro? Alguém gostaria, realmente, de dirigir em uma cidade sem leis de trânsito, sem limites de velocidade, leis de preferência, sem nenhuma lei para controlar nossa condução? Na verdade, as leis criadas pelos estados e pelas cidades nos ajudam a dirigir. Elas ajudam a fazer da condução uma experiência segura para quem está sentado ao volante, para os passageiros e para os pedestres que andam pelas ruas.

Se alguém concordasse com a opinião de Paulo nos versículos citados acima no que diz respeito à lei judaica e a aplicasse às condução de veículos, então o motivo de haver leis que limitem a velocidade de alguém em áreas próximas a escolas, por exemplo, seria ensinar aos motoristas que, como eles acabam acelerando muito e levando multas, que são infratores da lei e corredores. De acordo com Paulo, todos os motoristas precisam de perdão por infringirem a li ao dirigir a mais de 30 km/h em uma área próxima a escolas mesmo antes de se sentar ao volante de um carro!

Por que é, então, que existe uma lei dessa, limitando a velocidade com que se passas por uma área próxima a escolas? Porque é mais fácil e mais rápido parar um carro rodando a 30 km/h do que um outro rodando a 50 km/h. Além disso, para que, queira Deus que não, se alguém atingir um aluno, é menos provável que o aluno se machuque ao ser atingido por um carro a 20 km/h do que se for atingido por um veículo a 50 km/h. a lei sobre condução de veículos em áreas próximas a escolas, ao limitar a velocidade a 30 km/h, é sancionada pelo bem de motoristas e pelo bem dos alunos. Não se obedece a lei que limita a velocidade para agradar ao juiz, mas, ao contrário, é para o benefício dos alunos e dos motoristas que a lei deve ser obedecida.

Com frequência, os cristãos dizem que o judaísmo é a religião da lei, enquanto o cristianismo é a religião do amor. O que eles não conseguem perceber é que, enquanto o judaísmo seja uma religião de leis, essas leis foram passadas por Deus por causa do amor que eles têm por nós. Em troca, nós obedecemos a essas leis por causa de nosso amor por Deus. É isso que significa a passagem em Deuteronômio 6:4recitadp pelos judeus em nossos serviços religiosos:

So often, Christians will say that Judaism is the religion of law, while Christianity is the religion of love. What they fail to realize is that while it is true that Judaism is a religion of law, these laws were given to us by God out of His love for us. We, in turn, obey that law out of our love for God. This is what is meant by the passage from Deuteronomy 6:4-9, recited by Jews in our religious services:

> *Ouve, Israel, o Eterno, nosso Deus, é o único Eterno. 5 Amarás, pois, o Eterno, teu Deus, de todo o teu coração, de toda a tua alma e de toda a tua força. 6 Estas palavras que, hoje, te ordeno estarão no teu coração; 7 tu as inculcarás a teus filhos, e delas falarás assentado em tua casa, e andando pelo caminho, e ao deitar-te, e ao levantar-te. 8 Também as atarás como sinal na tua mão, e te serão por frontal entre os olhos. 9 E as escreverás nos umbrais de tua casa e nas tuas portas.,.*

Esses versículos conectam nosso amor a Deus com a obediência a seus mandamentos, e a obediência a suas leis nos ajuda a viver nossas vidas da forma mais plena, assim como as leis de condução de automóveis propiciam uma experiência de direção melhor. Como lemos em Levíticos 18:4-5

Fareis segundo os meus juízos e os meus estatutos guardareis, para andardes neles. Eu sou o Eterno, vosso Deus. 5 Portanto, os meus estatutos e os meus juízos guardareis; cumprindo-os, o homem viverá por eles. Eu sou o Eterno.

4. **Os judeus seguem a lei judaica para se justificarem, terem sua culpa redimida, para que possam ir para o céu**

No Novo Testamento Cristão, Paulo frequentemente faz uma comparação a fé e as obras ou os feitos das pessoas. Para Paulo, é a fé em Jesus como salvador pessoal que remove a culpa do pecado e possibilita que se vá para o paraíso. Uma vez que a salvação da danação eterna é o principal propósito de Paulo, ele acredita que a salvação seja a principal preocupação do judaísmo. Como ele vê a fé como meio de salvação da danação eterna, e como o judaísmo é uma religião de leis, ele declara que, no judaísmo, a obediência à lei Judaica é nosso meio de salvação. Está completamente errado:

Romanos 3:20-24: *visto que ninguém será justificado diante dele por obras da lei, em razão de que pela lei vem o pleno conhecimento do pecado. 21 Mas agora, sem lei, se manifestou a justiça de Deus testemunhada pela lei e pelos profetas; 22 justiça de Deus mediante a fé em Jesus Cristo, para todos [e sobre todos] os que creem; porque não há distinção, 23 pois todos pecaram e carecem da glória de Deus, 24 sendo justificados gratuitamente, por sua graça, mediante a redenção que há em Cristo Jesus,.*

Romanos 3:28: *Concluímos, pois, que o homem é justificado pela fé, independentemente das obras da lei.*

Gálatas 2:16: *sabendo, contudo, que o homem*
não é justificado por obras da lei, e sim mediante a fé
em Cristo Jesus, também temos crido em Cristo Jesus,
para que fôssemos justificados pela fé em Cristo e não
por obras da lei, pois, por obras da lei, ninguém será
justificado.

Esses versículos indicam um mal-entendido fundamental da lei judaica. Repetidamente, Paulo escreve que a lei não pode "justificar" aqueles que a seguem. Ser "justificado" significa ser perdoado de nossos pecados, ser tornando um justo ou sem a culpa do pecado, que permite que se vá para o paraíso. Paulo acreditava que os judeus seguiam a lei judaica para sermos perdoados de nossos pecados e sermos permitidos a entrar nos céus. Paulo acreditava que somente a fé em Jesus habilitaria alguém ao paraíso uma vez que, a partir de sua perspectiva, a obediência à lei não habilitaria ninguém a ir para o paraíso.

Simplesmente, não existe um só ponto na Torá, no resto da Bíblia, ou no Talmude ou em qualquer outro livro do judaísmo, que indique que os judeus, na época de Jesus, antes, ou depois tenham acreditado que precisamos guardar as leis de Deus para nos justificarmos, para termos perdão de nossos pecados ou para nos santificarmos. Ou para remover a culpa de nossos pecados. Os judeus nunca obedeceram às leis de Deus para irem para o paraíso. Guardar as leis de Deus traz o paraíso para o aqui e agora. Guardar as leis eternas de Deus, seus mandamentos, traz o Deus Eterno para dentro de nossas vidas e nos põe em uma relação direta com Deus quando obedecemos a ele.

O cristianismo começa com a crença de que todos os homens são pecadores, que começam a vida com a mancha do pecado original e que, portanto, começam a vida com culpa. Porque o cristianismo acredita no pecado original, ou acredita que temos natureza pecadora vamos pecar assim que escolhermos nossos atos,, o cristianismo procura uma maneira de ser perdoado ou justificado do estado de pecado que vem com o pecado original. O cristianismo encontrou essa maneira de ser perdoado do pecado original na morte de Jesus por seu pecado.

De acordo com o judaísmo, nossa natureza não é pecadora (veja o capítulo IV, com relação ao Pecado Original), e ninguém se torna pecador até descumprir os mandamentos, até desobedecer à lei Judaica. Não nascemos com a culpa de nenhum pecado, e não obedecemos às leis de Deus para obter perdão, só preciso de perdão se eu desobedecer à lei de Deus., a necessidade de perdão é precedida pela desobediência, não o contrário. Porque o judaísmo rejeita a ideia do pecado original, não temos necessidade de Jesus ou da lei de Deus, para nos trazer perdão. Precisamos das leis de Deus para melhorar nossas vidas, para dar estrutura e disciplina a nossas vidas. Como obter perdão pelos pecados, desobedecendo a lei de Deus, é abordado no capítulo VII deste livro).

Vamos voltar à minha analogia da lei judaica e como ela funciona no judaísmo. A partir da perspectiva judaica, ninguém obedece às leis de trânsito para encontrar perdão por acelerar. De acordo com a lei, se alguém ultrapassa a velocidade e leva uma multa, é a própria lei que diz como se consegue perdão por ultrapassar a velocidade, isto é, pagando a multa, ou fazendo um curso de direção defensiva. Ninguém precisa de perdão por ultrapassar o limite de velocidade até ultrapassar os limites de velocidade

5. **Há leis judaicas demais para uma pessoa obedecer, ninguém consegue obedecer a cada uma delas**

De acordo com a tradição judaica, se alguém pegar todas as leis judaicas e conta-las, independente do que a lei exige, ou de quem a lei exija obediência, pode-se contar 613 mandamentos. Pode parecer um monte de leis, mas quantos lei existem nos códigos do estado em que você vive? Tenho bastante certeza de que há mais eis nos códigos de cada estado norte americano do que as 613 leis encontradas na Torá.

E, mesmo assim, quase todos que leram este livro nunca passaram um dia atrás das grades, ou foram acusados de infringir as leis da cidade, do condado ou estado em que vivem.

As pessoas esquecem que não são todas as leis da Torá que se aplicam a cada um em cada momento de suas vidas, assim como as leis dos códigos do estado em que você vive não se aplicam a você em cada momento de sua vida.

Novamente, utilizando a analogia da condução de veículos, se uma pessoa nunca dirigiu um caminhão de seis eixos, isso significa que seja culpada de não cumprir as leis sobre a condução de caminhões? É claro que não, porque as leis sobre condução de caminhões que devem fazer parte dos códigos de trânsito de qualquer estado, não se aplicam a ninguém até que esse alguém se sente ao volante de um caminhão.

O mesmo é verdade com as leis de Deus. Não se espera que cumpramos as leis que não se apliquem a nós. Se alguém não é um *cohen*, um sacerdote, então as leis relativas aos sacerdotes que estão na Torá, nas 613 leis, não se aplicam àquela pessoa. Se alguém é do sexo masculino, as leis para o sexo feminino não se aplicam. Se alguém vive no território de Israel, as leis que só são válidas para quem vive lá não se aplicam. Na verdade, das 613 leis que se encontram na Torá, menos da metade se aplicarão a uma pessoa em toda sua vida. Mesmo 300 leis podem parecer muito, mas lembrem-se que há muito mais leis nos códigos estaduais que os cidadãos desses estados seguem sem qualquer problema.

Uma pessoa pode ser totalmente justa aos olhos de Deus? A Bíblia fala de duas pessoas que foram. No Gênesis, lemos sobre Noé:

Gênesis 6:9: *Eis a história de Noé. Noé era homem justo e íntegro entre os seus contemporâneos; Noé andava com Deus.*

E também vemos a mesma coisa a respeito de Jó:

> Jó 1:1: *Havia um homem na terra de Uz, cujo
> nome era Jó; homem íntegro e reto, temente a Deus e
> que se desviava do mal.*

Então, a própria Bíblia acredita que as leis de Deus são possíveis de serem seguidas. Isso é especialmente evidente na Torá:

> Deuteronômio 30:11-14: *Porque este
> mandamento que, hoje, te ordeno não é demasiado
> difícil, nem está longe de ti. 12 Não está nos céus, para
> dizeres: Quem subirá por nós aos céus, que no-lo traga
> e no-lo faça ouvir, para que o cumpramos? 13 Nem
> está além do mar, para dizeres: Quem passará por nós
> além do mar que no-lo traga e no-lo faça ouvir, para
> que o cumpramos? 14 Pois esta palavra está mui perto
> de ti, na tua boca e no teu coração, para a cumprires.*

Deus nos fala que é muito possível guardar a lei. Retoricamente, a passagem acima declara que ela não está escondida, que não está longe, que não está nos céus, não está além do mar, mas, ao contrário, já está conosco aqui, para que a cumpramos. Deus declara que podemos seguir essas leis, um sentimento que parece ausente quando Paulo se refere a essa passagem em Romanos 10:6-9:

> *Mas a justiça decorrente da fé assim diz: Não
> perguntes em teu coração: Quem subirá ao céu?, isto
> é, para trazer do alto a Cristo; 7 ou: Quem descerá ao
> abismo?, isto é, para levantar Cristo dentre os mortos.
> 8 Porém que se diz? A palavra está perto de ti, na
> tua boca e no teu coração; isto é, a palavra da fé que
> pregamos. 9 Se, com a tua boca, confessares Jesus como*

*Eterno e, em teu coração, creres que Deus o ressuscitou
dentre os mortos, serás salvo.*

Paulo utiliza esta passagem de Deuteronômio 30 como um meio para pregar que temos que acreditar em Jesus, porque a lei não se pode cumprir e foi sucedida pela fé em Jesus. Para expressar essa visão, ele deixa de fora parte de Deuteronômio 30:14, em que Deus declara que é "para a cumprires".

Como dissemos acima, Deus não daria a ninguém, a nenhum grupo, um conjunto de leis que ele não soubesse que podiam ser seguidas, e, depois, condená-los por não as seguirem. Fazer isso faria de Deus um Deus cruel

6. Infringir qualquer lei judaica é igual a infringir qualquer outra lei, e infringir uma lei é igual a infringir todas

Muitos cristãos acreditam que infringir apenas uma das leis de Deus é o mesmo que infringir todas elas. Esse conceito se encontra em Tiago 2:10:

*Pois qualquer que guarda toda a lei, mas tropeça
em um só ponto, se torna culpado de todos.*

É claro que isso é absurdo. Nunca, na Bíblia, Deus igualou todas as leis entre si, como se fossem uma. Isso é demonstrado simplesmente pelos castigos que Deus dá àqueles que infringem as leis de Deus. Alguém que pratique um roubo não recebe a mesma pena que alguém que cometa um assassinato premeditado, a sangue frio, em primeiro grau. Nem devia ser assim. Para assassinato, a Bíblia é clara:

Êxodo 21:12: *Quem ferir a outro, de modo que
este morra, também será morto.*

E, para o roubo, a Bíblia é igualmente clara:

Êxodo 22:1: *Se alguém furtar boi ou ovelha e o abater ou vender, por um boi pagará cinco bois, e quatro ovelhas por uma ovelha.*

Uma vez que o castigo dispensado por Deus é diferente para as duas transgressões, aos olhos de Deus elas não são iguais. E descumprir um mandamento não é como se tivesse descumprido todos, ou o punição para cada uma delas seria a mesma, a pena de morte. No entanto, parece que é assim que o cristianismo entende isso. Paulo escreve em Romanos 6:23:

Porque o salário do pecado é a morte, mas o dom gratuito de Deus é a vida eterna em Cristo Jesus, nosso Eterno.

O salário do pecado não é a morte. Morremos, e Deus criou o mundo onde, desde o início, a morte era uma parte esperada de nossa existência (veja o capítulo IV deste livro).

Essa ideia, de que infringir uma lei é igual a infringir qualquer uma delas, é apenas ridícula, e isso pode ser visto quando aplicamos essa atitude com as leis judaicas ao código de trânsito.

Primeiro, se vocês está dirigindo e chega em uma área escolar, você desacelera para 30 km/h ou menos. Aí, se quando você entra na área escolar e olha para o velocímetro e vê que está a 35 km/h, está acima do limite/ Sim. A aplicação dessa atitude cristã em relação à lei judaica, significaria que deve-se pegar pena de morte por rodar a 35 km/h em uma área escolar. Se infringir uma lei é como infringir qualquer outra, se, como Paulo disse, "o salário do pecado é a morte", então a pena para qualquer transgressão é a morte, e o motorista a mais de 30 km/h em área escolar pegaria a pena de morte, assim como a penalidade do assassinato a sangue frio.

E um policial daria uma multa por estar a 35 km/h numa área com velocidade de 30/. Muito provavelmente, não.

Quem tem mais compaixão, quem é mais misericordioso, quem é mais compreensivo: um policial, ou Deus? Deus tem mais compaixão, e é mais misericordioso e compreensivo, e assim, Deus está pronto para perdoar mais rápido do que um agente de polícia.

E um policial estaria mais inclinado a dar uma multa por andar a 35 km/h em área escolar em agosto/setembro ou em maio/junho? Acredito que seria mais provável que isso acontecesse em agosto/setembro, porque o policial quer que você adquira os hábitos corretos no começo do ano letivo. Isso explica porque Deus parece ser tão mais inflexível no período bíblico do que hoje em dia.

Será que Deus espera, realmente, a perfeição de nós? Foi Deus que nos fez, e, portanto, sabe, desde o momento de nossa criação, que não somos criaturas perfeitas. Deus sabe que vamos tentar, mas nem sempre conseguiremos. Na verdade, vejam como Deus apresenta isso na Torá:

> Deuteronômio 6:3: *Ouve, pois, ó Israel, e atenta em os cumprires, para que bem te suceda, e muito te multipliques na terra que mana leite e mel, como te disse o Deus Eterno de teus pais.*

O versículo acima afirma "atenta em o cumprires". Em hebraico, diz-se: "leesh-mor la-ah-sot". "Leesh-mor" significa "guardar, observar" e "la-ah-sot" quer dizer "fazer". Um galinheiro pode ter roubadas algumas de suas galinhas? Às vezes, sim! Deus sabe que vamos tentar, mas nem sempre vamos conseguir porque não somos criaturas perfeitas, assim como Deus nos fez. O que Deus quer é que demos o melhor em nossa tentativa. Se tropeçarmos, e vamos tropeçar, se a casa vigiada for roubada, e será, Deus ainda nos ama e nos perdoa quando seguimos a lei para obter e conseguir o perdão (veja o Capítulo VII deste livro).

O que fazer para conquistar o perdão? Quando lemos o capítulo VII deste livro, quando jejuamos, quando oramos por perdão, quando começamos a obedecer e paramos de desobedecer a Deus, aí, Deus vai nos perdoar. Em outras palavras, nossas obras, nossos feitos e não nossa fé nos consegue o perdão. Enquanto nossa fé possa nos levar a agir, são as ações que nos garantem o perdão de Deus.

Como saber o que fazer para merecer o perdão de Deus? Porque a própria lei nos diz, assim como o código de trânsito nos diz como obter o perdão para uma multa de velocidade – pague a multa, faça um curso de direção defensiva, e não repita a infração. Se alguém repete uma infração, a pena não será tão leve, você talvez tenha que pagar uma multa mais cara, ou até ir preso e não simplesmente fazer o curso de reciclagem.

Por outro lado, de acordo com o que lemos nos cultos, Deuteronômio 11:13-21 faz com que pareça que a obediência aos mandamentos de Deus assegura que tudo estará bem conosco, enquanto a transgressão às leis de Deus assegura que as coisas ficarão ruins para nós.

13 Se diligentemente obedecerdes a meus mandamentos que hoje vos ordeno, de amar o Eterno, vosso Deus, e de o servir de todo o vosso coração e de toda a vossa alma, 14 darei as chuvas da vossa terra a seu tempo, as primeiras e as últimas, para que recolhais o vosso cereal, e o vosso vinho, e o vosso azeite. 15 Darei erva no vosso campo aos vossos gados, e comereis e vos fartareis. 16 Guardai-vos não suceda que o vosso coração se engane, e vos desvieis, e sirvais a outros deuses, e vos prostreis perante eles; 17 que a ira do Eterno se acenda contra vós outros, e feche ele os céus, e não haja chuva, e a terra não dê a sua messe, e cedo sejais eliminados da boa terra que o Eterno vos dá. 18 ¶ Ponde, pois, estas minhas palavras no vosso coração e na vossa alma; atai-as por sinal na vossa mão, para que estejam por frontal entre os olhos. 19 Ensinai-as a vossos filhos, falando delas assentados em vossa casa, e andando pelo caminho, e deitando-vos, e levantando-vos. 20 Escrevei-as nos umbrais de vossa casa e nas vossas portas, 21 para que se multipliquem os vossos dias e os dias de vossos filhos na terra que o Eterno, sob juramento, prometeu dar a vossos pais, e sejam tão numerosos como os dias do céu acima da terra.

Em outras palavras, se você obedecer, tudo sairá bem, mas se desobedecer, tudo sairá mal. O quanto isso é real? Muito real, como aprendemos na condução de automóveis! Hábitos podem matar, hábitos podem levar à morte. Passar por uma placa de PARE, ou beber e dirigir, ou furar um sinal vermelho nem sempre vai matar você ou outros, mas, se você continuar fazendo isso, o mau hábito vai te alcançar. Bons hábitos podem ajudar, e maus hábitos podem te machucar.

Agora, é claro que a obediência a Deus não vai assegurar uma vida perfeitamente boa, da mesma forma que desobedecer a Deus não garante que sua vida será horrível. Coisas ruins acontecem com pessoas boas, e o bem também advém sobre pessoas ruins, no entanto, o texto está certo, no final, a vida de uma pessoa tem mais chances de dar certo quando se obedece às leis, e a vida das pessoas tem mais chance

Se uma pessoa não tem o hábito de participar na fé, na religião, então, como pode a fé estar presente quando os tempos ficam difíceis? A religião não é como a água da torneira, que queremos que exista quando precisamos dela, mas não pagamos pelo serviço e não fazemos por onde para que ela apareça na hora em que precisamos. Todo mundo quer abrir a torneira pegar a água que quiser e ir embora. A religião não é água na torneira; ela exige que tenhamos uma relação corrente com nossa fé, para que ela possa nos ajudar quando precisamos dela.

Voltando à nossa analogia de andar a 35 km/h em área escolar, se você tivesse que dirigir uma área escolar e visse que está acima da velocidade, você encostaria o carro e se entregaria para a polícia, e esperaria pela pena de morte? Claro que não porque o salário de andar acima da velocidade não é a morte. O que você faria, e desconfio que já tenha feito, é que você simplesmente reduziria a velocidade e tentaria não repetir a infração. O mesmo é verdade para as leis de Deus, e é o mesmo com as leis judaicas.

Se eu transgredir a lei de Deus, eu não vou desistir, não vou ser pessimista, não vou odiar a mim mesmo, ou fazer de conta que é apenas da natureza humana cometer pecados. Eu simplesmente vou tentar melhorar. O judaísmo não entende nossa desobediência corriqueira às leis de Deus como uma declaração sobre nossa natureza, mas, ao contrário, é uma declaração sobre nossa capacidade de fazer tanto o bem quanto o mal, uma escolha frequente que tem que ser feita entre as duas opções. O judaísmo não enfatiza a infração da lei e nossa capacidade de pecar, ao contrário, o judaísmo se alegra com nossa capacidade de escolher obedecer e tentar obedecer, e se alegra com nosso sucesso. O judaísmo, adicionalmente, acredita que Deus também se alegra com nosso sucesso. Essa atitude mais positiva em relação a Deus e à humanidade produz mais auto estima do que destacar uma natureza pecaminosa do homem e a um Deus de condenação. Não é de se surpreender, portanto, que os judeus alcancem excelência em tantas áreas, já que pesquisas e psicólogos demonstram que a auto estima é importante para se obter sucesso.

Há outra reação que se podemos ter, se aceitarmos a atitude cristã diante da lei judaica segundo a qual infringir uma lei é o mesmo que infringir todas, e que o castigo da morte se destina a qualquer transgressão. Se vemos que estamos a 35 km/h em uma área escolar com limite de 30 km/h, vamos perceber que estamos infringindo a lei. Podemos dizer que, já que estamos condenados por andar a 35 km/h, podemos bem andar a 140 km/h. Por que não? Uma vez que não posso seguir a lei à risca, posso bem não seguir nem um pouco. Isso nos leva ao próximo mal-entendido da lei judaica.

7. A observância ou a obediência à lei judaica é uma proposição do tipo tudo ou nada

O cristianismo parece acreditar que, para os Judeus, a obediência às leis de Deus é uma questão do tipo tudo ou nada. De uma maneira triste, muitos judeus também acreditam que a obediência à Lei Judaica é uma questão do tipo tudo ou nada. Alguns acreditam que, uma vez que devemos obedecer a todas as leis judaicas, o tempo inteiro, mas não consegue fazer isso (por acidente ou por escolha), então não devemos obedecer a nenhuma das leis judaicas.

Talvez por assimilar a atitude cristã em relação à Lei Judaica, segundo a qual infringir uma lei significa o mesmo que infringir todas e que o castigo é o mesmo em todos os casos, muitos judeus pensem que, se não conseguem cumprir todas o tempo todo, eles, portanto, escolhem não cumprir nenhuma, ou escolhem violar a lei mais ainda.

Transgredir a Lei Judaica rodando a mais de 35 km/h não nos dá permissão para rodar a 140. Vamos explicar.

A mentalidade que acredita que, uma vez que não conseguimos seguir uma dieta Kosher em um restaurante que não tem certificação kosher, então podemos comer um cheese bacon burger como o motorista que vê que está acima de 30 km/h em uma área escolar, então pode rodar a 140 km/h, o que essa pessoa não consegue entender é que, se vamos infringir alguma lei, ainda assim é melhor infringir em uma dimensão menor.. como dissemos antes um oficial de polícia dificilmente dará uma multa por estarmos a 35 km/h, e Deus tem mais compaixão e é mais misericordioso do que um agente de polícia. É claro que o policial prefere que todos rodem a menos de 30 km/h. É claro que Deus prefere que guardemos cuidadosa e completamente todas as leis de Deus, incluindo as leis de seguir a dieta kosher. Mas, como dissemos acima, essas leis não existem para nos condenar. Elas existem para tornar nossa vida melhor, e foram passadas ao povo judeu para nos fazer melhores. Para nosso próprio bem, devemos guardar essas leis em alguma extensão o melhor que pudermos. Se vamos infringir a lei, devemos escolher infringir a 35 km/h, e não a 140.

Há diversos níveis nas leis judaicas de seguir um cardápio kosher. Em primeiro ugar, temos as leis bíblicas, que encontramos em Levítico 11, que nos dizem que animais são kosher. Ali, somos ordenados a não comer nada de um porco, e a não comer nada da água que não tenha nadadeiras e escamas. Esse último mandamento proíbe o consumo de mariscos de qualquer tipo. Aí, temos as leis rabínicas, que determinam como o animal kosher deve ser morto, preparado e servido. É a observância a todas essas leis que tornam kosher a comida que comemos.

O nível de observância dessas leis da culinária kosher pode variar dentro de um amplo espectro. Um rabino ortodoxo pode não comer a comida de outro rabino ortodoxo porque o padrão do segundo rabino pode ser diferente do padrão do primeiro, mas, na verdade, os dois observam os costumes kosher. Um mashgicha é a pessoa que fiscaliza e certifica que um fabricante ou um restaurante mantenha um padrão de preparo de alimentos seguindo os preceitos kosher. Entretanto, pode ser que um mashgicha de um restaurante não coma nesse restaurante porque seus padrões pessoais podem ser mais elevados do que os do grupo para quem trabalha, tal como a organização de certificação kosher da cidade. Isso não quer dizer que a comida naquele restaurante não seja kosher. Quer dizer apenas que não está no nível pessoal daquele mashgicha. Afinal, ele certificou aquele restaurante como sendo kosher, mas no nível da cidade, não em seu próprio nível.

De forma semelhante, alguém pode seguir os preceitos kosher, mesmo que seja em um padrão muito baixo, mas é melhor seguir a cozinha kosher em um padrão mais baixo, do que não comer nada kosher.

Quando eu vou a um restaurante de fast food não kosher, eu tenho escolha. Posso comer um cheese bacon Burger, posso escolher apenas um cheese Burger, posso pedir um hamburger, posso escolher um sanduíche de peixe, e posso pedir uma salada.

Eu tenho que comer o cheese bacon Burger? Posso reconhecer que Deus ordenou que não comêssemos carne de porco, e posso escolher, em resposta a Deus, não comer o bacon. Embora seja verdade que o cheese Burger é uma combinação de laticínio com carne, e a carne não é kosher, ainda estou respondendo ao mandamento de Deus que restringe o consumo de bacon no sanduíche. Isso quer dizer que estou seguindo uma cozinha até certo ponto kosher, apesar de estar fazendo isso no menor nível possível.

Eis uma história chassídica que exemplifica o que estou tentando dizer.

Uma vez, discípulos vieram até seu rabino. Estavam jogando *Aperte o Rabino*[2], e tentavam fazer-lhe uma pergunta para a qual não houvesse resposta perfeita. Perguntaram: – Rabino, existe uma escada e a escada tem 613 degraus. Tem uma pessoa no alto, e outra perto da base. Quem, aos olhos de Deus está mais alto?

Ora, o rabino sabia que a resposta óbvia seria a pessoa mais perto do topo, que estando mais perto do topo, observa quase todos os 613 mandamentos. Mas dizer que a pessoa perto do topo está mais alto aos olhos de Deus seria presunçoso, e negaria as alturas, não importa o quão baixas, alcançadas pela pessoa que está mais perto da base. E isso também poderia dissuadir alguém próximo à base de tentar chegar mais alto. Por outro lado, o rabino sabia que dizer que o que estava mais baixo aos olhos de Deus seria ridículo, por causa da altura alcançada por aquele no topo. Então, o rabino ficou quieto.

Pensando que tinham apertado o rabino, perguntaram: – Rabino, qual é a resposta, se existe uma? – Ele respondeu: – existe uma resposta, mas vocês não me contaram a história toda. Os discípulos disseram: – Claro que contamos. Tem uma escada com 613 degraus, uma pessoa no topo uma pessoa perto da base, quem está mais alto aos olhos de Deus? E o rabino respondeu: – Mas vocês não me disseram qual dos dois na escada está subindo.

---

2   N.T. Stump-the-rabbi é um jogo de perguntas e respostas feitas aos rabinos sobre o hassidismo, ou chassidismo.

Ao fazer a escolha pelo cheese burger, mais do que pelo cheese bacon Burger, você está se colocando na escada de 613 degraus. É, você está perto da base, mas você reconheceu que tem essa escada, cujo propósito é te elevar, levar você mais perto de Deus, é tornar mais espiritual a sua vida.

É, você está comendo um laticínio e carne juntos, e, sim, você está comendo carne não kosher. Mas por estar respondendo ao mandamento de Deus se restringindo, ao menos, de comer o bacon, você está seguindo preceito kosher, ainda que no nível mais baixo possível.

É melhor comer o cheese Burger do que comer o cheese bacon Burger? Sim, se você estiver fazendo isso em resposta aos mandamentos de Deus.

É ainda melhor comer o hambúrguer, sem o queijo? Sim, porque isso é seguir a cozinha kosher em um nível mais elevado do que comendo o hambúrguer com queijo.

É melhor não comer o hambúrguer, feito de carne não kosher, e escolher comer o sanduíche de peixe, feito de bacalhau? Sim, porque, de novo, você está subindo a escada de 613 degraus com cada escolha feita.

Cada lei judaica tem seu próprio mérito, sua própria recompensa e seu próprio efeito naquele que a observa ou obedece a ela. Existe um mérito em escolher não comer o bacon, mesmo que o cheese Burger combine carne e laticínio e mesmo que o hambúrguer não seja feito com carne kosher. Há mais mérito em não comer o cheeseburger com bacon e não comer o cheeseburger, porque agora você está seguindo duas leis judaicas diferentes. E há ainda maior mérito ao escolher não comer a carne não kosher e comer o sanduíche de bacalhau em seu lugar.

Cada lei judaica tem sua própria recompensa e seu próprio efeito naquele que a observa e obedece a ela.

Tenho perguntado às pessoas o que elas fazem que é distinta e exclusivamente judeu e por que o fazem. As resposta podem ser classificadas em quatro áreas, e cada lei judaica vai se encaixar em uma ou mais dessas categorias, na forma descrita por Dennis Prayer no livro que escreveu juntamente com o Rabino Joseph Telushkin: "As nove perguntas que as pessoas fazem sobre o judaísmo: o guia inteligente do cético" . essas categorias são determinadas pela motivação daquele que observa a lei judaica, e não uma categoria da lei em si.

Essas quatro categorias são: a Santidade, a Ética, o Nacional e a Reflexiva.

A primeira categoria é chamada Santidade. Isso quer dizer que o que motiva uma pessoa a observar a lei judaica é que isso conecta a pessoa com Deus. É uma resposta à vontade divina, um reconhecimento de que Deus ordenou. Também é uma expressão de fazer do ato algo espiritual. Se alguém diz que está seguindo dieta kosher, em qualquer medida, porque Deus ordenou, significa que, cada vez que essa pessoa põe alguma coisa na boca, tem que determinar se é kosher ou não e em observância ao que Deus exigiu. Quer dizer que a pessoa que segue a dieta kosher por essa reação, cada vez que come, está reafirmando sua relação com Deus. Traz Deus para dentro de sua vida toda vez que come.

A segunda categoria é chama Ética. Isso quer dizer que o que motiva alguém a observar a lei judaica é que relembra a pessoa que deve ser ética. Com relação a comer kosher, quer dizer que a pessoa decidiu seguir a cozinha kosher, em qualquer medida, porque reconhece que o judaísmo exige o tratamento ético dos animais, que o abate de animais da maneira judaica é o mais humano, e isso é uma preocupação constante do judaísmo.

A terceira categoria é chamada Nacionalismo. Isso quer dizer que o que motiva uma pessoa a observar a lei é que isso a conecta a algo mais, a outra pessoa, ou ao povo judeu, e a alguma coisa que é maior do que a pessoa sozinha. Isso quer dizer, com relação à cozinha kosher, que a pessoa segue a culinária Kosher para se conectar ao povo a quem Deus ordenou que se abstivesse de comer porcos ou conchas. Isso quer dizer que a pessoa que escolheu ser kosher, em qualquer nível, é parte de uma coisa maior do que ele, e se conectou a sua história de 4.000 anos.

A quarta categoria é chamada de Reflexiva. Isso quer dizer que o que motiva a pessoa a observar a lei judaica é algo que afeta diretamente a pessoa que a segue. Com relação a seguir a cozinha kosher, significa que a pessoa escolheu para si algo que é ser disciplinado com relação a comida. A psicologia mostra que aqueles que são disciplinados em uma coisa têm mais chances de terem sucesso em muitas coisas, enquanto aqueles que não são disciplinados em nada têm mais chances de não terem sucesso em nada. Não há nada mais difícil de ser disciplinado do que em nossos hábitos alimentares. Qualquer um que tenha tentado perder peso sabe bem o que é isso. Ao mantermos a dieta kosher, mesmo em menor medida, focamos disciplinados.

Como escrevi acima, qualquer lei judaica vai cair em uma ou mais dessas quatro categorias. Quanto mais dessas quatro categorias que motivam uma pessoa seguir qualquer das Leis Judaicas, maior o efeito que seguir essa lei vai ter em sua vida.

Se uma pessoa quer sentir o Divino e trazer Deus para dentro de sua vida, se uma pessoa quer aprender e praticar a Ética, se uma pessoa quer se conectar não apenas com deus, mas também com as pessoas que foram ordenadas por Deus, o povo judeu, se alguém quer fazer algo que vai tornar sua vida melhor só por fazê-lo, então essa pessoa deve pensar seriamente em aumentar seu nível de observância da lei judaica. Se alguém quer tudo isso em sua vida, mas não é judeu, devia considerar seriamente a conversão ao judaísmo.

Uma vez, uma mulher me disse que sentia que devia parar de acender suas velas de Sabá. Perguntei-lhe por quê, e ela contou que quando parou de seguir a cozinha kosher em sua casa, ela sentiu como se sua casa não fosse mais uma casa judaica. Passou a sentir que acender as velas de Sabá era como se fosse uma mentira. Disse que o brilho das velas de Sabá na mesa em sua cozinha faziam-na sentir como se Deus e a fé nele permeasse a casa. Quando parou de observar os preceitos kosher em casa, ela sentiu como se aquele brilho fosse uma mentira. Depois que ouviu uma palestra minha sobre o tema do mito segundo o qual o judaísmo era uma fé que acreditava na observância da Lei Judaica era uma questão de tudo ou nada, ela me contou que eu devolvera a ela as o acender suas velas de Sabá novamente.

8. As leis judaicas se tornam obsoletas, caso alguém obedeça ou cumpra essas leis perfeitamente

No Novo Testamento cristão, em Mateus 5:17-18 temos uma citação do que Jesus disse:

> *Não penseis que vim revogar a Lei ou os Profetas; não vim para revogar, vim para cumprir. 18 Porque em verdade vos digo: até que o céu e a terra passem, nem um i ou um til jamais passará da Lei, até que tudo se cumpra.*

Muitos cristãos acreditam que isso significa que, tendo Jesus supostamente cumprido a lei, e fazendo-as perfeitas, que a Lei Judaica concedida por Deus aos judeus por meio de Moisés se tornaram obsoletas. Isso não é só errado, é simplesmente absurdo. De novo, deixe-me utilizar as leis de trânsito para mostrar por que isso não está correto.

Se você está dirigindo atrás de outro carro, e os dois chegam a uma placa de PARE, e o carro à frente obedece totalmente a regra de parar em uma placa de PARE, isso significa que a lei de parar numa placa de PARE foi cumprida e que ninguém mais precisa parar novamente na placa de PARE? É óbvio que não.

A razão é que as leis de trânsito não foram criadas de maneira a ensinar as pessoas que elas estarão infringindo o código de trânsito e, portanto, irão para os tribunais, as leis de trânsito foram criadas para tornar as ruas mais seguras. Elas existem para o benefício das pessoas, e não para condená-las. Por exemplo, se um semáforo queima. A lei determina que o cruzamento se transforme em uma parada de quatro pontos. Todo o tráfego em qualquer direção tem que parar no cruzamento, esperar que o tráfego fique livre, e atravessar o cruzamento devagar. Com essa lei, pode-se dirigir com mais segurança e todos ficam sabendo o que se espera deles nesse caso.

Com a Lei Judaica, não é diferente, e mesmo que viesse alguém e obedecesse a todas as leis perfeitamente, mesmo se fosse Deus manifesto em forma humana (uma ideia pagã como já abordamos no Capítulo II deste livro), a lei continuaria a ser obedecida e continuaria a ajudar a humanidade em consequência. O cristianismo acredita que as leis foram dadas aos judeus para prepará-los para a vinda de Jesus. Aí, quando Jesus veio, e, supostamente, cumpriu as leis, elas se tornaram obsoletas. No entanto, uma vez que a Lei Judaica foi dada por Deus para melhorar as vidas daqueles que as seguem, as leis são eternas, como Deus é eterno, porque o benefício que advém da obediência a Deus e às leis de Deus vai continuar enquanto as leis forem obedecidas.

9. Com a punição de uma pessoa, os pecados de outra pessoa podem ser removidos..

Embora isso vá ser discutido de forma mais completa no Capítulo VI deste livro, deixem-me abordar a questão brevemente, novamente com a analogia do código de trânsito.

Se eu ando acima do limite de velocidade em uma área escolar e alguém morre, queira Deus que não, alguém pode receber a pena de morte em meu lugar, ou ir para a cadeia em meu lugar? Mesmo que haja um voluntário, a Justiça vai permitir. É claro que não. E se eu fosse multado pela infração, alguém poderia pagar por ela? Na verdade, não. Alguém pode até me dar o dinheiro para pagar a multa, mas serei eu que serei levado diante do juiz. Sou eu quem vai se declarar culpado e sou eu quem, vai pagar a multa por minha própria responsabilidade, independentemente de onde eu consiga o dinheiro. O dinheiro passa a ser meu antes que eu o repasse para a corte.

CAPÍTULO 6

UMA PESSOA MORRER PELO PECADO DE OUTRA

O cristianismo ensina que o Messias é um sacrifício humano (isto é, um sacrifício de sangue), necessário para o perdão do pecado conforma já abordamos em outros pontos. No entanto, ensinam aos judeus em nossa Bíblia que ninguém pode morrer pelos pecados de uma outra pessoa. Isso está dito duas vezes na Torá e uma vez nos Profetas.

Em Êxodo, Moisés tenta oferecer a si mesmo como expiação pelos pecados do povo. Moisés pede para ser riscado do livro de Deus. Não sabemos que livre de Deus é esse, entretanto, ser riscado dele significa ser castigado. Muitos acreditam que se tratava do livro da Vida, significando o livro em que Deus escreve os nomes daqueles que permanecerão vivos no próximo ano, proclamados nos dias santos judaicos. É o que desejamos uns aos outros no Rosh Hashaná: – que você esteja inscrito no próximo anos parta ter um bom ano, L'shanah tovah tikatayvu". Quando Moisés pediu para ser riscado do Livro da Vida, estava pedindo para morrer pelos pecados dos outros. A resposta de Deus foi: – Riscarei do meu livro todo aquele que pecar contra mim – . Deus estava dizendo: – Não, não funciona desse jeito. Cada um morre por seu próprio pecado.

Êxodo 32:30-35 *No dia seguinte, disse Moisés ao povo: Vós cometestes grande pecado; agora, porém, subirei ao Eterno e, porventura, farei propiciação pelo vosso pecado. 31 Tornou Moisés ao Eterno e disse: Ora, o povo cometeu grande pecado, fazendo para si deuses de ouro. 32 Agora, pois, perdoa-lhe o pecado; ou, se não, risca-me, peço-te, do livro que escreveste. 33 Então, disse o Eterno a Moisés: Riscarei do meu livro todo aquele que pecar contra mim. 34 Vai, pois, agora, e conduze o povo para onde te disse; eis que o meu Anjo irá adiante de ti; porém, no dia da minha visitação, vingarei, neles, o seu pecado. 35 Feriu, pois, o Eterno ao povo, porque fizeram o bezerro que Arão fabricara.*

Aí, em Deuteronômio, isso está resumido em um único versículo:

Deuteronômio 24:16 *Os pais não serão mortos em lugar dos filhos, nem os filhos, em lugar dos pais; cada qual será morto pelo seu pecado.*

Adicionalmente, todo o capítulo 18 de Ezequiel reafirma esta ideia, de que ninguém pode morrer pelo pecado dos outros. Além disso, Ezequiel 18 ensina que, para ser perdoado, o homem tem simplesmente que parar de fazer o mal e começar a fazer o bem. Em nenhum lugar em Ezequiel 18 está escrito que é preciso um sacrifício de sangue para o perdão dos pecados.

Ezequiel 18:1-4; 20-24; e 26-27 *Veio a mim a palavra do Eterno, dizendo: 2 Que tendes vós, vós que, acerca da terra de Israel, proferis este provérbio, dizendo: Os pais comeram uvas verdes, e os dentes dos filhos é que se embotaram? 3 Tão certo como eu vivo, diz o Eterno Deus, jamais direis este provérbio em Israel. 4 Eis que todas as almas são minhas; como a alma do pai, também a alma do filho é minha; a alma que pecar, essa morrerá. 20 A alma que pecar, essa morrerá; o filho não levará a iniquidade do pai, nem o pai, a iniquidade do filho; a justiça do justo ficará sobre ele, e a perversidade do perverso cairá sobre este. 21 ¶ Mas, se o perverso se converter de todos os pecados que cometeu, e guardar todos os meus estatutos, e fizer o que é reto e justo, certamente, viverá; não será morto. 22 De todas as transgressões que cometeu não haverá lembrança contra ele; pela justiça que praticou, viverá. 23 Acaso, tenho eu prazer na morte do perverso? — diz o Eterno Deus; não desejo eu, antes, que ele se converta dos seus caminhos e viva? 24 Mas, desviando-se o justo da sua justiça e cometendo iniquidade, fazendo segundo todas as abominações que faz o perverso, acaso, viverá? De todos os atos de justiça que tiver praticado não se fará memória; na sua transgressão com que transgrediu e no seu pecado que cometeu, neles morrerá. ... 26 Desviando-se o justo da sua justiça e cometendo iniquidade, morrerá por causa dela; na iniquidade que cometeu, morrerá. 27 Mas, convertendo-se o perverso da perversidade que cometeu e praticando o que é reto e justo, conservará ele a sua alma em vida..*

Então, a Bíblia é clara e consistente, e não precisa de interpretação: ninguém pode morrer pelos pecados de outra pessoa.

Vamos ser claros com relação a o que isso significa exatamente. Se eu cometo um pecado, outros podem sofrer em consequência disso. Mas isso não quer dizer que o sofrimento deles remove minha culpa. A única maneira que eu tenho para remover minha culpa é o arrependimento dos pecados que cometi. Uma geração pode poluir o ar, e a geração seguinte pode ter que respirar essa poluição para dentro de seus pulmões, mas sua tosse e suas mortes de câncer de

RABINO STUART FEDEROW

pulmão não vai redimir a culpa da geração que causou a poluição.

Uma coisa é dizer que mais pessoas sofrem por causa do pecado de alguns, mas é outra coisa totalmente diferente e nada bíblica dizer que o sofrimento de uns, ou mesmo sua morte retira a culpa e deixa outras pessoas sem pecado.

Adicionalmente, uma pessoa pode sacrificar sua vida pela vida de outra pessoa. Sabemos de histórias de soldados que se jogam sobre granadas de mão para salvar a vida de seus companheiros. Entretanto, isso não significa que a morte do soldado redimiu a culpa dos pecados dos soldados que ele salvou.

Jesus não pode morrer pelos pecados de outras pessoas. Jesus não pode morrer pelos pecados de outras pessoas porque isso é uma antítese do que a Bíblia diz.

Se uma pessoa comete um homicídio em primeiro grau, a sangue frio, premeditado, outra pessoa não pode ir ao tribunal e dizer: – Eu não cometi esse crime, mas me condem à morte no lugar da pessoa que o cometeu –. um tribunal jamais permitirá isso, mas o cristianismo faz isso ao dizer que Jesus pode morrer pelos pecados de outras pessoas.

Os discípulos de Jesus também sabiam que uma pessoa não podia morrer pelos pecados de outra, muito menos pelos pecados de toda humanidade. Os discípulos não tinham um conceito de um messias salvador pela sua morte. Quando Jesus tentou explicar que essa era sua missão, e sua definição do que significava ser o messias, a resposta dos discípulos foi uma de descrença, eles não entenderam, e repreenderam Jesus por dizer isso.

> Matthew 16:13-23 Indo *Jesus para os lados de Cesárea de Filipe, perguntou a seus discípulos: Quem diz o povo ser o Filho do Homem? 14 E eles responderam: Uns dizem: João Batista; outros: Elias; e outros: Jeremias ou algum dos profetas. 15 Mas vós, continuou ele, quem dizeis que eu sou? 16 Respondendo Simão Pedro, disse: Tu és o Cristo, o*

Filho do Deus vivo. 17 Então, Jesus lhe afirmou: Bem-aventurado és, Simão Barjonas, porque não foi carne e sangue que to revelaram, mas meu Pai, que está nos céus. 18 Também eu te digo que tu és Pedro, e sobre esta pedra edificarei a minha igreja, e as portas do inferno não prevalecerão contra ela. 19 Dar-te-ei as chaves do reino dos céus; o que ligares na terra terá sido ligado nos céus; e o que desligares na terra terá sido desligado nos céus. 20 Então, advertiu os discípulos de que a ninguém dissessem ser ele o Cristo. 21 Desde esse tempo, começou Jesus Cristo a mostrar a seus discípulos que lhe era necessário seguir para Jerusalém e sofrer muitas coisas dos anciãos, dos principais sacerdotes e dos escribas, ser morto e ressuscitado no terceiro dia. 22 E Pedro, chamando-o à parte, começou a reprová-lo, dizendo: Tem compaixão de ti, Eterno; isso de modo algum te acontecerá. 23 Mas Jesus, voltando-se, disse a Pedro: Arreda, Satanás! Tu és para mim pedra de tropeço, porque não cogitas das coisas de Deus, e sim das dos homens.

Esta história também se repete tanto em Marcos quanto em Lucas

Marcos 8:31-33 *Então, começou ele a ensinar-lhes que era necessário que o Filho do Homem sofresse muitas coisas, fosse rejeitado pelos anciãos, pelos principais sacerdotes e pelos escribas, fosse morto e que, depois de três dias, ressuscitasse. 32 E isto ele expunha claramente. Mas Pedro, chamando-o à parte, começou a reprová-lo. 33 Jesus, porém, voltou-se e, fitando os seus discípulos, repreendeu a Pedro e disse: Arreda, Satanás! Porque não cogitas das coisas de Deus, e sim das dos homens.*

Luke 18:31-34 *Tomando consigo os doze, disse-lhes Jesus: Eis que subimos para Jerusalém, e vai cumprir-se ali tudo quanto está escrito por intermédio dos profetas, no tocante ao Filho do Homem; 32 pois será ele entregue aos gentios, escarnecido, ultrajado e cuspido; 33 e, depois de o açoitarem, tirar-lhe-ão a vida; mas, ao terceiro dia, ressuscitará. 34 Eles, porém, nada compreenderam acerca destas coisas; e o sentido destas palavras era-lhes encoberto, de sorte que não percebiam o que ele dizia.*

Se os discípulos de Jesus tivessem compreendido que o messias estava por morrer pelos pecados da humanidade, Quando Jesus contou a eles sua missão, eles teriam comemorado e gritado que a salvação deles tinha chegado. Ao invés disso, eles reprovam Jesus por dizer uma coisa dessas!

A ideia de que uma pessoa podia morrer pelos pecados de outra, o conceito do messias que morria para salvar os outros não era conhecida no judaísmo, mesmo na época de Jesus, mas era um conceito encontrado em todo o mundo pagão antigo.

Capítulo 7

A NECESSIDADE DE UM SACRIFÍCIO DE SANGUE

A ideia de que é necessário um sacrifício de sangue para perdoar os pecados é uma suposição muito comum no cristianismo. Paulo escreve que não há remissão de pecado sem um sacrifício de sangue:

> Hebreus 9:22 *Com efeito, quase todas as coisas, segundo a lei, se purificam com sangue; e, sem derramamento de sangue, não há remissão.*

Os cristãos acreditam que é necessário um sacrifício de sangue para remissão dos pecados, e que aquele que não oferecer um sacrifício de sangue vai morrer em seus pecados e irá para o inferno. Para os cristãos sacrifício de sangue único e definitivo que conta para Deus veio com a morte de Jesus. O cristianismo acredita que se alguém não aceita a morte de Jesus como seu sacrifício de sangue, então essa pessoa está condenada a uma eternidade suportando os castigos do inferno.

> João 3:36 *Por isso, quem crê no Filho tem a vida eterna; o que, todavia, se mantém rebelde contra o Filho não verá a vida, mas sobre ele permanece a ira de Deus.*

Entretanto, essa não é uma suposição feita pela Bíblia ou pelo judaísmo. A relação Deus-homem nunca foi limitada ao sacrifício de animais, nem era essa a única maneira de o homem obter perdão de Deus por seus pecados. Os sacrifícios animais deixaram de ser fulcrais, não com a segunda destruição do templo pelos romanos, mas sim com a primeira destruição do templo pelos babilônios. Há que se ter em mente que a imensa maioria dos judeus nunca voltou à Terra Prometida sob Ciro da Pérsia. Eles ficaram na Babilônia. Na época em que Jesus nasceu, oitenta por cento da comunidade judaica do mundo moravam fora da Terra Prometida, e não se preocupavam com o fim dos sacrifícios animais. Quando o templo foi restabelecido, os judeus da Babilônia, os judeus faziam uma oferta financeira anual para a manutenção do templo e da terra, mas nunca se preocuparam se Deus não os perdoaria de seus pecados sem um sacrifício de sangue (muito como os judeus ao redor do mundo inteiro hoje em dia). Eles não tinham esse medo porque a Bíblia deixa explicitamente claro que não há necessidade de um sacrifício de sangue para o perdão dos pecados. A Bíblia também deixa claro que um sacrifício animal não é a maneira exclusiva de se obter perdão.

O livro de Jonas prova que os sacrifícios de sangue são desnecessários. Jonas tenta escapar de fazer a vontade de Deus pregando para o povo de Nínive. Depois do problema com a baleia, ele vai ao povo de Nínive e diz cinco palavras a eles (no original hebraico), conforme lemos no terceiro capítulo

> Jonas 3:4 Começou *Jonas a percorrer a cidade caminho de um dia, e pregava, e dizia: Ainda quarenta dias, e Nínive será subvertida.*

Depois que o rei e seus súditos ouviram a curta profecia de Jonas para eles, o que fizeram?

7 E fez-se proclamar e divulgar em Nínive:
Por mandado do rei e seus grandes, nem homens,
nem animais, nem bois, nem ovelhas provem coisa
alguma, nem os levem ao pasto, nem bebam água; 8
mas sejam cobertos de pano de saco, tanto os homens
como os animais, e clamarão fortemente a Deus; e
se converterão, cada um do seu mau caminho e da
violência que há nas suas mãos. 9 Quem sabe se voltará
Deus, e se arrependerá, e se apartará do furor da sua
ira, de sorte que não pereçamos? 10 Viu Deus o que
fizeram, como se converteram do seu mau caminho; e
Deus se arrependeu do mal que tinha dito lhes faria
e não o fez.

No versículo 10 acima, Jonas nos diz que Deus viu *o que fizeram,* suas obras e seus feitos, como se converteram de seu mau caminho, e Deus os perdoou. Não diz se Deus viu seus sacrifícios de sangue, porque eles nunca fizeram um. Não diz que foi apenas sua fé que os salvou, mas, ao contrário, as obras que fé os levou a fazer. Deus viu seus feitos. Eles jejuaram (nem homens, nem animais, nem bois, nem ovelhas provem coisa alguma, nem os levem ao pasto, nem bebam água, Jonas 3:7); eles oraram (clamarão fortemente a Deus, Jonas 3:8) e pararam de fazer o mal e passaram a fazer o bem (e se converterão, cada um do seu mau caminho e da violência que há nas suas mãos. Jonas 3:8). Qual foi a resposta de Deus? Deus os perdoa de todos os seus pecados pelas obras que haviam realizado (Viu Deus o que fizeram, como se converteram do seu mau caminho; e Deus se arrependeu do mal que tinha dito lhes faria e não o fez, Jonas 3:10). É por causa de tudo isso que os judeus leem o livro de Jonas todas as tardes de Yom Kippur, o dia da expiação, o próprio dia em que o judaísmo enfatiza nossa necessidade de nos arrependermos dos pecados e buscar primeiro o perdão dos outros, para que possamos buscar. E nós, judeus, fazemos o que o povo de Nínive fez, jejuamos, oramos e paramos de fazer o mal e passamos a fazer o bem, e o livro de Jonas nos promete que isso é tudo que é necessário para que Deus nos perdoe.

Há muitos outros exemplos que mostram que não é necessário um sacrifício de sangue para que Deus perdoe nossos pecados. No entanto, mostrar uma única situação em que Deus não exige um sacrifício de sangue, como vimos acima em Jonas, prova que não são necessários sacrifícios de sangue para o perdão dos pecados. Isso é um nítido contraste com a crença cristão, segundo a qual para ser perdoado de seus pecados, o homem precisa do sacrifício de sangue de Jesus.

Muita gente diz com frequência aos judeus que eles continuam com a culpa por seus pecados, por não terem um templo onde oferecer sacrifícios. Argumentam que, sem o derramamento de sangue, não há perdão, não há remissão dos pecados, como pudemos ler acima o trecho de Hebreus 9:22

Mas isso é verdade? Temos que derramar sangue para obter o perdão dos pecados? Os que acreditam que temos que fazer um sacrifício de sangue para o perdão dos pecados, frequentemente, citam Levítico 17:11, que diz:

> Porque a vida da carne está no sangue. Eu vo-lo tenho dado sobre o altar, para fazer expiação pela vossa alma, porquanto é o sangue que fará expiação em virtude da vida.

Se fosse verdade que é o sangue que faz a expiação dos pecados, poderíamos acreditar que somente por meio de sacrifício com sangue podemos obter o perdão para nossos pecados. Entretanto, se lemos o versículo todo dentro do contexto, vamos ver que ele se refere a se abster de tomar o sangue do sacrifício, e nada mais. Deus ordena que nos abstenhamos de comer ou beber sangue porque a maioria das outras religiões pagãs consumiam o sangue de seus sacrifícios como forma de incorporar seus deuses em suas vidas, isso é semelhante ao ritual cristão da comunhão, em que o sangue e o corpo de Jesus são consumido no vinho e no páo. Contudo, a santidade do povo de Israel os proíbe de praticar esses rituais pagáos e manter as mesmas crenças que seus vizinhos pagáos. A citação completa de Levítico 17:10-14 diz:

> *Qualquer homem da casa de Israel ou dos estrangeiros que peregrinam entre vós que comer algum sangue, contra ele me voltarei e o eliminarei do seu povo. 11 Porque a vida da carne está no sangue. Eu vo-lo tenho dado sobre o altar, para fazer expiação pela vossa alma, porquanto é o sangue que fará expiação em virtude da vida. 12 Portanto, tenho dito aos filhos de Israel: nenhuma alma de entre vós comerá sangue, nem o estrangeiro que peregrina entre vós o comerá. 13 Qualquer homem dos filhos de Israel ou dos estrangeiros que peregrinam entre vós que caçar animal ou ave que se come derramará o seu sangue e o cobrirá com pó. 14 Portanto, a vida de toda carne é o seu sangue; por isso, tenho dito aos filhos de Israel: não comereis o sangue de nenhuma carne, porque a vida de toda carne é o seu sangue; qualquer que o comer será eliminado.*

Há muitos exemplos na Bíblia, em que são utilizadas outras coisas que não sangue para obter a expiação dos pecados. Os que eram pobres e não podiam pagar por um sacrifício de sangue têm a permissão de Deus para utilizar farinha, que não tem sangue nem vida.

> Levítico 5:11-13 *Porém, se as suas posses não lhe permitirem trazer duas rolas ou dois pombinhos, então, aquele que pecou trará, por sua oferta, a décima parte de um efa de flor de farinha como oferta pelo pecado; não lhe deitará azeite, nem lhe porá em cima incenso,*

pois é oferta pelo pecado. 12 Entregá-la-á ao sacerdote, e o sacerdote dela tomará um punhado como porção memorial e a queimará sobre o altar, em cima das ofertas queimadas ao Eterno; é oferta pelo pecado. 13 Assim, o sacerdote, por ele, fará oferta pelo pecado que cometeu em alguma destas coisas, e lhe será perdoado; o restante será do sacerdote, como a oferta de manjares.

Se um sacrifício de sangue fosse absolutamente necessário para o perdão dos pecados, até o homem pobre teria tido que trazer um sacrifício de sangue por seus pecados. Ao permitir que trouxesse farinha, a Bíblia claramente declara que um sacrifício de sangue não era absolutamente necessário, mesmo que fosse, de fato, uma maneira de se obter perdão. Novamente, como afirmamos antes, se pudéssemos mostrar ao menos uma vez na Bíblia que o perdão era concedido por Deus sem um sacrifício de sangue, isso provaria que eles não eram absolutamente necessários para que Deus nos perdoasse. Como já vimos havia e há muitos exemplos. Aqui, a oferta de incenso era suficiente:

Números 16:47 *Tomou-o Arão, como Moisés lhe falara, correu ao meio da congregação (eis que já a praga havia começado entre o povo), deitou incenso nele e fez expiação pelo povo.*

No versículo a seguir, são oferecidas joias para expiação, mas nenhum sangue é derramado.

Números 31:50 *Pelo que trouxemos uma oferta ao Eterno, cada um o que achou: objetos de ouro, ornamentos para o braço, pulseiras, sinetes, arrecadas e colares, para fazer expiação por nós mesmos perante o Eterno.*

Neste a seguir, prata ou dinheiro são oferecidos como expiação, mas nenhum sangue é derramado:

> Êxodo 30:15-16 *O rico não dará mais de meio siclo, nem o pobre, menos, quando derem a oferta ao Eterno, para fazerdes expiação pela vossa alma. 16 Tomarás o dinheiro das expiações dos filhos de Israel e o darás ao serviço da tenda da congregação; e será para memória aos filhos de Israel diante do Eterno, para fazerdes expiação pela vossa alma.*

Há mais exemplos de outros meios para conseguir o perdão de Deus sem utilizar um sacrifício de sangue.

Um outro método superior de expiação é a caridade.

"Caridade" é a tradução que é normalmente empregada para a palavra em hebraico "tzedakah". No entanto, uma tradução mais precisa da palavra "tzedakah" seria a palavra "justiça". Caridade/justiça pode ser utilizada para se obter o perdão de Deus, como lemos na Bíblia. Isso é o que diz no livro de Provérbios:

> 10:2 *Os tesouros da impiedade de nada aproveitam, mas a justiça ((tzedakah) livra da morte.*

> 11:4 *As riquezas de nada aproveitam no dia da ira, mas a justiça (tzedakah) livra da morte.*

> 16:6 *Pela misericórdia e pela verdade, se expia a culpa; e pelo temor do Eterno os homens evitam o mal.*

> 21:3 *Exercitar justiça (tzedakah) e juízo é mais aceitável ao Eterno do que sacrifício.*

E como o profeta Daniel ensinou ao rei,

> Daniel 4:27 *Portanto, ó rei, aceita o meu conselho e põe termo, pela justiça, em teus pecados e em tuas iniquidades, usando de misericórdia para com os pobres; e talvez se prolongue a tua tranquilidade.*

Com base nestes versículos, é óbvio que um sacrifício de sangue não é necessário. Nos versículos seguintes, Isaías tem seu pecado perdoado por uma brasa viva

Based on these verses, it is obvious that a blood sacrifice is not needed. Nos versículos seguintes, Isaías tem seu pecado removido por um carvão em brasa:

> Isaias 6:6-7 *Então, um dos serafins voou para mim, trazendo na mão uma brasa viva, que tirara do altar com uma tenaz; 7 com a brasa tocou a minha boca e disse: Eis que ela tocou os teus lábios; a tua iniquidade foi tirada, e perdoado, o teu pecado.*

É verdade que, sem um Templo, os judeus não podem oferecer nenhum tipo de sacrifício de sangue. É por isso que Deus deu aos judeus muitos métodos de expiação. Houve um tempo na História de Israel em que o povo era consumido por cerimônias sacrificiais. Deus os repreendeu por isso e lembrou a eles que as leis de Deus são mais importantes do que os sacrifícios.

> Jeremias 7:22-23 *Porque nada falei a vossos pais, no dia em que os tirei da terra do Egito, nem lhes ordenei coisa alguma acerca de holocaustos ou sacrifícios. 23 Mas isto lhes ordenei, dizendo: Dai ouvidos à minha voz, e eu serei o vosso Deus, e vós sereis o meu povo; andai em todo o caminho que eu vos ordeno, para que vos vá bem.*

De todos os métodos que Deus deu aos judeus para expiação, os sacrifícios eram os mais fracos. Isso é verdade porque os sacrifícios só expiavam alguns tipos de pecado. Missionários cristãos, com frequência, tentam apontar versículos que demonstram a necessidade dos sacrifícios como expiação pelos pecados. No entanto, eles deixam de mencionar que apenas os pecados não intencionais são perdoados pelo sacrifício de sangue. Reparem nos versículos abaixo, que todos se referem apenas a pecados que não eram intencionais, que eram feitos por ignorância, e eles precedem uma descrição de um sacrifício de sangue:

> Levítico 4:1-2 Disse *mais o Eterno a Moisés: 2 Fala aos filhos de Israel, dizendo: Quando alguém pecar por ignorância contra qualquer dos mandamentos do Eterno, por fazer contra algum deles o que não se deve fazer,*

> Levítico 4:13 Mas, *se toda a congregação de Israel pecar por ignorância, e isso for oculto aos olhos da coletividade, e se fizerem, contra algum dos mandamentos do Eterno, aquilo que se não deve fazer, e forem culpados,*

> Levítico 4:22 *Quando um príncipe pecar, e por ignorância fizer alguma de todas as coisas que o Eterno, seu Deus, ordenou se não fizessem, e se tornar culpado;*

> Levítico 4:27 Se *qualquer pessoa do povo da terra pecar por ignorância, por fazer alguma das coisas que o Eterno ordenou se não fizessem, e se tornar culpada;*

> Levítico 5:15 *Quando alguém cometer ofensa e pecar por ignorância nas coisas sagradas do Eterno,*

então, trará ao Eterno, por oferta, do rebanho, um carneiro sem defeito, conforme a tua avaliação em siclos de prata, segundo o siclo do santuário, como oferta pela culpa.

Levítico 5:18 *E do rebanho trará ao sacerdote um carneiro sem defeito, conforme a tua avaliação, para oferta pela culpa, e o sacerdote, por ela, fará expiação no tocante ao erro que, por ignorância, cometeu, e lhe será perdoado.*

Números 15:22 *Quando errardes e não cumprirdes todos estes mandamentos que o Eterno falou a Moisés,*

Números 15:24-29 *será que, quando se fizer alguma coisa por ignorância e for encoberta aos olhos da congregação, toda a congregação oferecerá um novilho, para holocausto de aroma agradável ao Eterno, com a sua oferta de manjares e libação, segundo o rito, e um bode, para oferta pelo pecado. 25 O sacerdote fará expiação por toda a congregação dos filhos de Israel, e lhes será perdoado, porquanto foi erro, e trouxeram a sua oferta, oferta queimada ao Eterno, e a sua oferta pelo pecado perante o Eterno, por causa do seu erro. 26 Será, pois, perdoado a toda a congregação dos filhos de Israel e mais ao estrangeiro que habita no meio deles, pois no erro foi envolvido todo o povo. 27 Se alguma pessoa pecar por ignorância, apresentará uma cabra de um ano como oferta pelo pecado. 28 O sacerdote fará expiação pela pessoa que errou, quando pecar por ignorância perante o Eterno, fazendo expiação por ela, e lhe será perdoado. 29 Para o natural dos filhos de Israel e para o estrangeiro que no meio deles habita, tereis a mesma lei para aquele que isso fizer por ignorância.*

Uma vez que o pecado não foi cometido intencionalmente, o sacerdote trouxe ao Eterno uma oferta feita de fogo, uma oferta pelo pecado. Toda a comunidade israelita e os estrangeiros vivendo entre eles são perdoados, porque todo o povo estava envolvido no erro não intencional.

No entanto, se alguém comete um pecado intencionalmente, aquele que cometeu o pecado será castigado, não um animal.

Números 15:30-31 *Mas a pessoa que fizer alguma coisa atrevidamente, quer seja dos naturais quer dos estrangeiros, injuria ao Eterno; tal pessoa será eliminada do meio do seu povo, 31 pois desprezou a palavra do Eterno e violou o seu mandamento; será eliminada essa pessoa, e a sua iniquidade será sobre ela.*

Para alguns pecados intencionais, o castigo é severo.
For some intentional sins, the punishment is severe.

Números 15:32-36 *Estando, pois, os filhos de Israel no deserto, acharam um homem apanhando lenha no dia de sábado. 33 Os que o acharam apanhando lenha o trouxeram a Moisés, e a Arão, e a toda a congregação. 34 Meteram-no em guarda, porquanto ainda não estava declarado o que se lhe devia fazer. 35 Então, disse o Eterno a Moisés: Tal homem será morto; toda a congregação o apedrejará fora do arraial. 36 Levou-o, pois, toda a congregação para fora do arraial, e o apedrejaram; e ele morreu, como o Eterno ordenara a Moisés.*

Para que alguém consiga a expiação de um pecado intencional, tem que haver arrependimento e restituição. O castigo também é necessário se o pecado foi cometido intencionalmente.

Êxodo 22:1-14 *Se alguém furtar boi ou ovelha e o abater ou vender, por um boi pagará cinco bois, e quatro ovelhas por uma ovelha. 2 Se um ladrão for achado arrombando uma casa e, sendo ferido, morrer, quem o feriu não será culpado do sangue. 3 Se, porém, já havia sol quando tal se deu, quem o feriu será culpado do sangue; neste caso, o ladrão fará restituição total. Se não tiver com que pagar, será vendido por seu furto. 4 Se aquilo que roubou for achado vivo em seu poder, seja boi, jumento ou ovelha, pagará o dobro. 5 Se alguém fizer pastar o seu animal num campo ou numa vinha e o largar para comer em campo de outrem, pagará com o melhor do seu próprio campo e o melhor da sua própria vinha. 6 Se irromper fogo, e pegar nos espinheiros, e destruir as medas de cereais, ou a messe, ou o campo, aquele que acendeu o fogo pagará totalmente o queimado. 7 Se alguém der ao seu próximo dinheiro ou objetos a guardar, e isso for furtado àquele que o recebeu, se for achado o ladrão, este pagará o dobro. 8 Se o ladrão não for achado, então, o dono da casa será levado perante os juízes, a ver se não meteu a mão nos bens do próximo. 9 Em todo negócio fraudulento, seja a respeito de boi, ou de jumento, ou de ovelhas, ou de roupas, ou de qualquer coisa perdida, de que uma das partes diz: Esta é a coisa, a causa de ambas as partes se levará perante os juízes; aquele a quem os juízes condenarem pagará o dobro ao seu próximo. 10 Se alguém der ao seu próximo a guardar jumento, ou boi, ou ovelha, ou outro animal qualquer, e este morrer, ou ficar aleijado, ou for afugentado, sem que ninguém o veja, 11 então, haverá juramento do Eterno entre ambos, de que não meteu a mão nos bens do seu próximo; o dono aceitará o juramento, e o outro não fará restituição. 12 Porém, se, de fato, lhe for furtado, pagá-lo-á ao seu dono. 13 Se for dilacerado, trá-lo-á em testemunho disso e não pagará o dilacerado. 14 Se alguém pedir emprestado a seu próximo um animal, e este ficar aleijado ou morrer, não estando presente o dono, pagá-lo-á.*

Levíticos 24:21 *Quem matar um animal restituirá outro; quem matar um homem será morto.*

Números 5:6-7 *Dize aos filhos de Israel: Quando homem ou mulher cometer algum dos pecados em que caem os homens, ofendendo ao Eterno, tal pessoa é culpada. 7 Confessará o pecado que cometer; e, pela culpa, fará plena restituição, e lhe acrescentará a sua quinta parte, e dará tudo àquele contra quem se fez culpado.*

Outros métodos de expiação são superiores ao sistema de sacrifícios, porque podem ser utilizados para obter o perdão de Deus para qualquer pecado, e não pelos pecados não intencionais. Deus, na verdade, deseja o "teshuva" de nós, que quer dizer o "arrependimento" e a "restituição" para Deus.

2 Crônicas 7:14 *se o meu povo, que se chama pelo meu nome, se humilhar, e orar, e me buscar, e se converter dos seus maus caminhos, então, eu ouvirei dos céus, perdoarei os seus pecados e sararei a sua terra.*

Deuteronômio 4:29 *De lá, buscarás ao Eterno, teu Deus, e o acharás, quando o buscares de todo o teu coração e de toda a tua alma.*

Jó 33:26 *Deveras orará a Deus, que lhe será propício; ele, com júbilo, verá a face de Deus, e este lhe restituirá a sua justiça.*

Salmos 34:14 *Aparta-te do mal e pratica o que é bom; procura a paz e empenha-te por alcançá-la.*

Salmos 34:18 *Perto está o Eterno dos que têm o coração quebrantado e salva os de espírito oprimido*

Os versículos seguintes também demostram que Deus quer o arrependimento e a oração de nós – e *não* o sacrifício:

Salmos 51.16:17: *Pois não te comprazes em sacrifícios; do contrário, eu tos daria; e não te agradas de holocaustos. Sacrifícios agradáveis a Deus são o espírito quebrantado; coração compungido e contrito, não o desprezarás, ó Deus.*

Lembrem-se que os Salmos foram escritos para louvar ao Eterno no Templo, exatamente onde os sacrifícios deviam ser oferecidos. Os salmistas entendiam muito bem a atitude de Deus em relação aos sacrifícios.

Salmos 40:6 *Sacrifícios e ofertas não quiseste; abriste os meus ouvidos; holocaustos e ofertas pelo pecado não requeres.*

Deus quer que nós oremos sinceramente por perdão. Na verdade, a oração substitui os sacrifícios, como os mandamentos de Deus em Oseias 14:1-2:

> *Volta, ó Israel, para o Eterno, teu Deus, porque, pelos teus pecados, estás caído. 2 Tende convosco palavras de arrependimento e convertei-vos ao Eterno; dizei-lhe: Perdoa toda iniquidade, aceita o que é bom e, em vez de novilhos, os sacrifícios dos nossos lábios.*

Observem que muitas traduções interpretam essa passagem de forma errada de forma intencional. Em hebraico, está claro : - *"Pareem S'fa-tay-nu"* – que quer dizer: o sacrifício dos nosso lábios. Ao contrário, a tradução em hebraico diz que é *"Pay-rote S'fa-tay-nu,"*, que quer dizer "o fruto de nossos lábios". Essas traduções mudam a palavra de Deus, para o propósito específico de interpretar equivocadamente o que a Bíblia diz. Essas traduções mudam o nome de Deus para mudar o significado do que a Bíblia diz. Na verdade, a Bíblia aceita a oração em vez de sacrifícios como "bezerros ". Isso quer dizer que Deus aceita a oração como "filhotes", como se fossem orações que viessem de suas bocas.

> Provérbios 28:13 *O que encobre as suas transgressões jamais prosperará; mas o que as confessa e deixa alcançará misericórdia.*

> Oseias 6:6 *Pois misericórdia quero, e não sacrifício, e o conhecimento de Deus, mais do que holocaustos*

Reparem que as próximas citações, todas de 1 Reis, capitulo 8, no qual o rei Salomão dedica seu único templo no mundo, ao Único Deus. Embora o Templo devesse ser o centro de adoração do único Deus verdadeiro, embora esse devesse ser o local onde todos os sacrifícios devessem ser feitos, o próprio Salomão sabia que Deus não exigia sacrifícios de sangue para o perdão dos pecados. Portanto, na dedicação desse seu Templo, Salomão roga que seja necessário apenas orar a Deus, após o arrependimento, para Deus perdoar. Se Salomão pensasse que era absolutamente necessário um sacrifício de sangue, não teria pedido.

> 1 Reis 8:38-39 *toda oração e súplica que qualquer homem ou todo o teu povo de Israel fizer, conhecendo cada um a chaga do seu coração e estendendo as mãos para o rumo desta casa, 39 ouve tu nos céus, lugar da tua habitação, perdoa, age e dá a cada um segundo todos os seus caminhos, já que lhe conheces o coração, porque tu, só tu, és conhecedor do coração de todos os filhos dos homens;*

Os gentios, também, devem orar diretamente a Deus pelo perdão de seus pecados, e sem a necessidade de um sacrifício:

> 1 Reis 8:41-43 *Também ao estrangeiro, que não for do teu povo de Israel, porém vier de terras remotas, por amor do teu nome 42 (porque ouvirão do teu grande nome, e da tua mão poderosa, e do teu braço estendido), e orar, voltado para esta casa, 43 ouve tu nos céus, lugar da tua habitação, e faze tudo o que o estrangeiro te pedir, a fim de que todos os povos da terra conheçam o teu nome, para te temerem como o teu povo de Israel e para saberem que esta casa, que eu edifiquei, é chamada pelo teu nome.*

Deus permite que os estrangeiros orem diretamente a Deus, sem a necessidade de um mediador. Deus nunca exclui ninguém. Tudo que Deus pede é um coração contrito e a vontade de seguir a ele.

Lembrem-se, ainda, que todo o sistema de sacrifícios era centrado no Templo.

> 1 Reis 8:46-50 *Quando pecarem contra ti (pois não há homem que não pegue), e tu te indignares contra eles, e os entregares às mãos do inimigo, a fim de que os leve cativos à terra inimiga, longe ou perto esteja; 47 e, na terra aonde forem levados cativos, caírem em si, e se converterem, e, na terra do seu cativeiro, te suplicarem, dizendo: Pecamos, e perversamente procedemos, e cometemos iniquidade; 48 e se converterem a ti de todo o seu coração e de toda a sua alma, na terra de seus inimigos que os levarem cativos, e orarem a ti, voltados para a sua terra, que deste a seus pais, para esta cidade que escolheste e para a casa que edifiquei ao teu nome; 49 ouve tu nos céus, lugar da tua habitação, a sua prece e a sua súplica e faze-lhes justiça, 50 perdoa o teu povo, que houver pecado contra ti, todas as suas transgressões que houverem cometido contra ti; e move tu à compaixão os que os levaram cativos para que se compadeçam deles.*

Isso significa que, se você faz o teshuává, se você se arrepende, se orar por perdão, Então Deus vai te perdoar, e restaurar a sua retidão, mesmo você tendo pecado.

> Jó 33:26-28 *Deveras orará a Deus, que lhe será propício; ele, com júbilo, verá a face de Deus, e este lhe restituirá a sua justiça. 27 Cantará diante dos homens e dirá: Pequei, perverti o direito e não fui punido segundo merecia. 28 Deus redimiu a minha alma de ir para a cova; e a minha vida verá a luz.*

Deus nos mostrou claramente que o sacrifício não é necessário para expiação. Deus deixa abundantemente claro para Israel o que devemos fazer como expiação. A ideia de que devemos ter um sacrifício de sangue simplesmente não é bíblica.

> Miqueias 6:6-8 *Com que me apresentarei ao Eterno e me inclinarei ante o Deus excelso? Virei perante ele com holocaustos, com bezerros de um ano? 7 Agradar-se-á o Eterno de milhares de carneiros, de dez mil ribeiros de azeite? Darei o meu primogênito pela minha transgressão, o fruto do meu corpo, pelo pecado da minha alma? 8 Ele te declarou, ó homem, o que é bom e que é o que o Eterno pede de ti: que pratiques a justiça, e ames a misericórdia, e andes humildemente com o teu Deus.*

Podemos nos perguntar que, se Deus nunca vez declarou que sacrifícios de sangue eram absolutamente necessários para o perdão dos pecados, por que deus fez um sistema de sacrifícios tão detalhado, e por que se precisava de todo, de um Templo?

O motive é que, no mundo antigo, os pagãos sacrificariam qualquer coisa ou qualquer corpo para qualquer deus, em qualquer lugar. Deus queria que um povo, o seu povo, não fizesse sacrifícios de sangue como a maneira melhor de se adorá-lo. Foi desacostumando seu povo dessas práticas. No entanto, isso tinha que ser feito devagar ao longo de um tempo. Primeiro, Deus limitou os sacrifícios de sangue excluindo o sacrifício de humanos no Gênesis, como vemos no episódio de Isaque e, de novo, em Deuteronômio, onde Deus chama o sacrifício humano de uma abominação para ele e de algo que ele odeia., conforme veremos no próximo capítulo. Aí, Deus limitou os sacrifícios afirmando que eles só poderiam ser feitos no Templo, e no final Deus se livrou do Templo. Esse processo levou centenas de anos, num longo processo de "desmame" dos judeus dos sacrifícios de sangue.

Capítulo 8

A ACEITAÇÃO DE UM SACRIFÍCIO HUMANO POR DEUS

Os cristãos creem que Jesus foi um sacrifício de sangue que salva a humanidade de seus pecados. Se isso for verdade, há que se considerar exatamente quem morreu na cruz. Se foi Jesus, o Deus, os cristãos são forçados a explicar como Deus pode morrer. Por outro lado, se foi apenas o Jesus humano que morreu, só resta aos cristãos um sacrifício humano. E o que é que Deus diz, exatamente, sobre sacrifícios humanos na Bíblia?

Boa parte de Deuteronômio é dedicada a ordenar aos judeus que não se tronem como os povos que habitavam a Terra Prometida na época. Até o Deuteronômio, quando os israelitas estão se preparando para entrar na terra, eles esfregavam os cotovelos, por assim dizer, somente com sua própria comunidade. Agora, porém, quando entram na Terra Prometida, aprenderão sobre a população nativa. Deus, no Deuteronômio. Diz repetidamente para que não se tornem como os pagãos idólatras que vivem na terra. Em Deuteronômio 12, Deus diz aos judeus para não serem como os que viviam na Terra Prometida, e explicitamente chama o sacrifício humano de algo que ele detesta, e que isso é uma abominação para ele.

Deuteronômio 12:30-31 guarda-*te, não te enlaces com imitá-las, após terem sido destruídas diante de ti; e que não indagues acerca dos seus deuses, dizendo: Assim como serviram estas nações aos seus deuses, do mesmo modo também farei eu. 31 Não farás assim ao Eterno, teu Deus, porque tudo o que é abominável ao Eterno e que ele odeia fizeram eles a seus deuses, pois até seus filhos e suas filhas queimaram aos seus deuses.*

Em Jeremias, os judeus tinham se tornado como os povos ao seu redor, e tinham se envolvido com sacrifícios humanos. Aqui, em Jeremias, Deus nos diz que o sacrifício humano é um conceito tão horrível que ele sequer pensava em ordenar coisa semelhante:

Jeremias 19:4-6 *Porquanto me deixaram e profanaram este lugar, queimando nele incenso a outros deuses, que nunca conheceram, nem eles, nem seus pais, nem os reis de Judá; e encheram este lugar de sangue de inocentes; 5 e edificaram os altos de Baal, para queimarem os seus filhos no fogo em holocaustos a Baal, o que nunca lhes ordenei, nem falei, nem me passou pela mente. 6 Por isso, eis que vêm dias, diz o Eterno, em que este lugar já não se chamará Tofete, nem vale do filho de Hinom, mas o vale da Matança.*

O mesmo conceito se encontra em Salmos 106 e em Ezequiel 16.

Salmos 106:37-38 *pois imolaram seus filhos e suas filhas aos demônios 38 e derramaram sangue inocente, o sangue de seus filhos e filhas, que sacrificaram aos ídolos de Canaã; e a terra foi contaminada com sangue.*

Ezequiel 16:20-21 *Demais, tomaste a teus filhos e tuas filhas, que me geraste, os sacrificaste a elas, para*

serem consumidos. Acaso, é pequena a tua prostituição?
21 Mataste a meus filhos e os entregaste a elas como
oferta pelo fogo.

A despeito de tudo isso, devemos acreditar agora que Deus exige um sacrifício humano? E devemos acreditar ainda que Deus queira o sacrifício de seu próprio filho humano? Após dizer aos judeus que se afastassem de crenças e rituais pagãos, por que Deus iria mudar seu pensamento e dizer: – Certo, agora vão lá e acreditem no sacrifício humano, assim como os pagãos? E não é só isso, mas o humano cuja morte eu quero que vocês acreditem é meu próprio filho – Quando foi que Deus mudou de ideia?

Os cristãos definem o Messias exatamente como os pagãos entendiam seus heróis humanos/divinos que morriam e salvavam como ato de sacrifício pelos pecados das pessoas. O mundo antigo está cheio de exemplos que sustentam essa ideia. muitos deuses nasciam no inverno, morriam na primavera e voltavam à vida, consoante a crença de que seus seguidores não morreriam, mas teriam vida imortal, porque a morte dos humanos/divinos que morriam e salvavam funcionava como sacrifício pelos pecados das pessoas. O mundo pagão está cheio de seres que eram produto de uma mãe humana com um pai divino, Como Hércules ou Dionísio, cujo pai era Zeus e cujas mães eram humanas.

Os cristãos ensinam que Jesus foi crucificado na Páscoa como um tipo de cordeiro, cujo sangue derramado expiaria os pecados do mundo. No Novo Testamento, é assim que Jesus é retratado:

João 1:29 *No dia seguinte, viu João a Jesus, que*
vinha para ele, e disse: Eis o Cordeiro de Deus, que
tira o pecado do mundo!

Embora isso pareça óbvio, Jesus era um homem, não um cordeiro. Os cristãos podem acreditar que Jesus também era Deus. No entanto, para ter havido uma morte na cruz, tem que ter sido o

Jesus humano que morrer, e não o Jesus Deus, uma vez que o Deus único e verdadeiro não pode morrer. Dessa forma, Deus saberia qual casa era de judeus e qual não era, para a praga da morte dos primogênitos (Êxodo 12:13-23)

Além disso, o sacrifício da Páscoa, como todos os sacrifícios, devia ser sem defeitos, como está escrito em Êxodo 12:5:

> *O cordeiro será sem defeito, macho de um ano;*
> *podereis tomar um cordeiro ou um cabrito;*

Jesus teria sido desqualificado desde o nascimento porque, de acordo com Paulo, Jesus era tão bom quanto um eunuco. Paulo compara a circuncisão à castração parcial e sugere que aqueles que acreditam na circuncisão que estavam perseguindo seus seguidores deviam não parar a circuncisão, mas fazer o serviço completo:

> Gálatas 5:11-12 *Eu, porém, irmãos, se ainda prego a circuncisão, por que continuo sendo perseguido? Logo, está desfeito o escândalo da cruz. 12 Tomara até se mutilassem os que vos incitam à rebeldia.*

Na verdade, veja como o versículo 12 acima é traduzido na versão é traduzido na Nova Versão Internacional da seguinte forma:

> *12 E, quanto a esses homens que andam perturbando vocês, eu gostaria que se castrassem de uma vez!*

Mais ainda, Jesus foi açoitado ou chicoteado (Mateus 27:26) e fizeram com que usasse uma coroa de espinhos, o que o tornaria inaceitável para qualquer tipo de sacrifício.

Alguns poderão dizer que o termo "sem defeito" significa espiritualmente perfeito, sem pecado. No entanto, todos os animais são imaculados, e não tem a capacidade de pecar contra Deus. O termo "sem defeito", portanto, tem que se referir a um defeito físico que, para Jesus teria sido arruinado pelo açoitamento e por utilizar uma coroa de espinhos.

Os cristãos acreditam que Jesus, que era homem, era o sacrifício de cordeiro por seus pecados. Entretanto, nós conseguimos encontrar na Torá uma passagem em que Deus exija um cordeiro macho para ser sacrifício por seus pecados? Vamos olhar os sacrifícios para expiação dos pecados para nos ajudar a responder essa pergunta:

Se alguém quisesse oferecer um cordeiro, teria que ser macho ou fêmea?

> Levíticos 4:32: *Mas, se pela sua oferta trouxer uma cordeira como oferta pelo pecado, fêmea sem defeito a trará.*

Jesus não era uma fêmea, muito menos uma cordeira fêmea. Então Jesus não pode ser uma oferta por pecados.

Jesus podia ser oferecido como sacrifício de sangue por pecado cometido por ignorância pelo homem comum?

> Levíticos 4:27-28 *Se qualquer pessoa do povo da terra pecar por ignorância, por fazer alguma das coisas que o Eterno ordenou se não fizessem, e se tornar culpada; 28 ou se o pecado em que ela caiu lhe for notificado, trará por sua oferta uma cabra sem defeito, pelo pecado que cometeu.*

Não, ele precisaria ser uma fêmea, uma cabra, mas ele era humano, e macho.

Se Jesus fosse oferecido em sacrifício por um pecado cometido por ignorância ou involuntariamente, ele não devia ter sido chamado de "cordeiro de Deus", mas sim de "cabrito de Deus!" e devia ser uma fêmea, uma vez que, aqui, Deus especifica que a oferta de sacrifício deve ser de uma cabra, fêmea.

Talvez Jesus não fosse uma oferta de sacrifício por um pecado involuntário, mas por um juramento não cumprido?

> Levíticos 5:4-6 *ou quando alguém jurar temerariamente com seus lábios fazer mal ou fazer bem, seja o que for que o homem pronuncie temerariamente com juramento, e lhe for oculto, e o souber depois, culpado será numa destas coisas. 5 Será, pois, que, sendo culpado numa destas coisas, confessará aquilo em que pecou. 6 Como sua oferta pela culpa, pelo pecado que cometeu, trará ele ao Eterno, do gado miúdo, uma cordeira ou uma cabrita como oferta pelo pecado; assim, o sacerdote, por ele, fará expiação do seu pecado.*

Não, mais uma vez, o sacrifício tinha que ser "do gado miúdo, uma cordeira ou uma cabrita".

Bastante simples, Jesus teria sido rejeitado por Deus, mesmo se, como humano, ou apenas a parte humana dele, pudesse ter sido ofertado como sacrifício por pecados, não há lugar na Bíblia em que uma oferta para expiar pecados seja um animal macho, cordeiro ou cabrito. Jesus não era fêmea e não era cordeiro, ele era um ser humano do sexo masculino.

CAPÍTULO 9

O MESSIAS

Tanto judeus quanto cristãos utilizam o termo "messias", mas cada crença tem significados totalmente diferentes para o conceito. São mutuamente excludentes, e não se pode acreditar em ambos ao mesmo tempo. No entanto, lembrem-se que os judeus vieram primeiro. O termo "messias" foi primeiramente um conceito judeu antes mesmo de existirem cristãos. Na verdade, a palavra messias vem do termo em hebraico "MaSHiaCH", que quer dizer 'alguém que foi ungido', e hebraico é o antigo idioma falado pelo povo judeu. O conceito do Messias envolve um homem judeu que vem ao povo judeu e deixa tangíveis e visíveis mudanças no mundo real. Essas mudanças foram definidas pelo povo judeu, baseadas na interpretação da Bíblia Judaica. O termo "messias" é um termo totalmente judaico, que reflete um conceito judaico. Ninguém tem o direito de mudar o significado de uma palavra criada e utilizada por um povo, como aprendemos na seguinte história:

ELETRICISTAS NÃO CONSERTAM ENCANAMENTOS

Um homem chamado Jack estava sentado em casa lendo um livro quando, de repente, as luzes se apagaram em um lado da casa. Claro, a primeira coisa que Jack fez foi conferir a caixa de fusíveis do lado de fora, mas não encontrou nada errado. Então, Jack foi à casa dos vizinhos e perguntou se eles conheciam um bom eletricista Uma hora depois, tocou a campainha. Quando Jack abriu a portam, ele viu um homem de pé cheio de canos e grifos debaixo dos braços,

– Oi! Meu nome é Bill, e eu sou o eletricista que você chamou. Estou aqui para consertar o problema no seu encanamento!

Jack ficou surpreso. Disse ao homem: – Você não entende. Eu tenho um problema elétrico, não um problema de encanamento. Meu encanamento está bom. Preciso de um eletricista que conserte a eletricidade na minha casa. Eletricistas não consertam o encanamento.

Mas era tarde demais. O homem passou por Jack, entrou na casa e imediatamente começou a mexer com o encanamento. Tentou apertar os canos na cozinha, mas eles estavam normais. Ele tentou apertar os canos no banheiro, mas não havia nada errado com eles. Todos os canos que ele tentou consertar não precisava de reparo. Então ele se foi.

Assim que o "eletricista" saiu, todos os vizinhos de Jack vieram até sua casa. E disseram: - O Bill não é um grande eletricista?

Jack respondeu: - ele não é eletricista. Eletricistas não consertam encanamentos, ele tentou consertar o encanamento, mas descobriu que não tinha nada errado com os canos. Eles não mudaram nada desde que o Bill esteve aqui. Nada mudou, e eu ainda estou sem eletricidade! O que estava quebrado continua quebrado!

No entanto, os vizinhos de Jack insistiam que Bill era um grande eletricista. – Ah, não se -preocupe com o problema elétrico, Jack. Bill vai voltar um dia e provar para você que ele era o eletricista que você esperava, e aí ele vai consertar a eletricidade. Mas, até esse dia, você tem que acreditar que ele era uma grande eletricista.!

Jack teve a mesma conversa com cada um de seus vizinhos. Finalmente, começaram a dizer a ele: - Jack, quem tem um problema é você. Você deve ter um véu sobre os olhos que não te deixa ver a verdade. Você acha que um eletricista deve consertar a eletricidade,

JUDAÍSMO E CRISTIANISMO: UM CONTRASTE

mas isso não é verdade. Você tem a definição errada da palavra "eletricista". A verdadeira motivação do eletricista é consertar os encanamentos. Um dia, Jack, você vai ver que ele era, de verdade, um grande eletricista!

Jack insistiu que eletricistas não consertam encanamentos. No entanto, ele não conseguiu fazer nada para convencer os vizinhos que a verdadeira definição da palavra "eletricista" e alguém que conserta problemas elétricos. Jack não conseguiu convencer ninguém de que Bill não era eletricista.

Como o eletricista da história acima, Jesus veio e se foi, e nada no mundo mudou como resultado, salvo pela fundação de uma nova religião. Embora nós, judeus, tenhamos criado o termo "messias", os cristãos nos dizem que temos a definição errada. O que os cristãos esperavam de seu messias, Jesus, é o que eles argumentam que os judeus deviam ter ficado esperando o tempo todo, assim como os vizinhos de Jack pensavam que Jack devia ter esperado que o eletricistas consertasse os encanamentos, da mesma maneira que o eletricista "Bill" veio e se foi e os problemas na casa de Jack continuaram, também Jesus veio e se foi e os problemas no mundo continuam os mesmos até hoje.

Esses problemas são os mesmos problemas que os judeus sempre entenderam que o verdadeiro messias vai consertar quando vier. Nossos vizinhos cristãos podem nos dizer que Jesus foi o Messias, assim como os vizinhos de Jack disseram que Bill erra eletricista, mas a nossa definição para messias não foi, absolutamente, cumprida. Ainda esperamos o verdadeiro messias assim como Jack, sentado no escuro, ainda deve estar esperando um eletricista de verdade. Assim como os vizinhos de Jack disseram que Bill vai retornar em uma segunda vinda, para fazer todas as coisas que Jack esperava que ele fizesse na primeira vez, assim também os cristãos dizem que Jesus retornará em uma Segunda vida para fazer todas as coisas que o verdadeiro messias teria feito na primeira vez que esteve aqui.

O problema então é: o que é um messias e quem decide isso?

Se há dois grupos, e cada um tem uma definição da mesma palavra, qual grupo tem a definição correta? Talvez se os dois grupos criassem o termo de forma independente do outro e ao mesmo tempo, poderiam dizer que os dois grupos têm direito a sua própria definição. Mas nós, judeus, viemos antes. O termo "messias" é uma palavra nossa, e ninguém tem o direito de chegar e nos dizer que nossa definição está errada. Para quem veio depois de nós dizer que nossa palavra, agora, tem o significado errado seria algo como alguém que não fala Inglês dizer para um falante nativo que eletricistas consertam encanamentos.

Como aprendemos, a palavra "messias" da palavra em hebraico "MaSHiaCH", quer dizer "ungido". Ungir alguma coisa é derramar óleo sobre essa coisa em nome de Deus, um ritual de dedicação da coisa a um propósito ou tarefa específicos no mundo. Assim qualquer coisa ungida é um messias. Na Bíblia, muitas coisas e muitas pessoas são ungidas.

Em Êxodo 28:41, Aarão e os sacerdotes são ungidos, o que quer dizer que cada um se torna um messias.

E, com isso, vestirás Arão, teu irmão, bem como seus filhos; e os ungirás, e consagrarás, e santificarás, para que me oficiem como sacerdotes.

Altares a Deus também foram ungidos:

Gênesis 28:18 *Tendo-se levantado Jacó, cedo, de madrugada, tomou a pedra que havia posto por travesseiro e a erigiu em coluna, sobre cujo*

Êxodo 29:36 *Também cada dia prepararás um novilho como oferta pelo pecado para as expiações; e purificarás o altar, fazendo expiação por ele mediante oferta pelo pecado; e o ungirás para consagrá-lo.*

O Tabernáculo e a Arca da Aliança, assim como todos os utensílios utilizados para eles, também eram ungidos:

Êxodo 30:26-29 *Com ele ungirás a tenda da congregação, e a arca do Testemunho, 27 e a mesa com todos os seus utensílios, e o candelabro com os seus utensílios, e o altar do incenso,*

28 e o altar do holocausto com todos os utensílios, e a bacia com o seu suporte. 29 Assim consagrarás estas coisas, para que sejam santíssimas; tudo o que tocar nelas será santo.

Êxodo 40:9 *E tomarás o óleo da unção, e ungirás o tabernáculo e tudo o que nele está, e o consagrarás com todos os seus pertences; e será santo.*

Levíticos 8:10 *Então, Moisés tomou o óleo da unção, e ungiu o tabernáculo e tudo o que havia nele, e o consagrou;*

Matsá ou o pão asmo, os sacerdotes e reis também eram ungidos:

Levíticos 2:4 *Quando trouxeres oferta de manjares, cozida no forno, será de bolos asmos de flor de farinha amassados com azeite e obreias asmas untadas com azeite.*

Êxodo 30:30 *Também ungirás Arão e seus filhos e os consagrarás para que me oficiem como sacerdotes.*

1 Samuel 15:1 *Disse Samuel a Saul: Enviou-me o Eterno a ungir-te rei sobre o seu povo, sobre Israel; atenta, pois, agora, às palavras do Eterno.*

1 Samuel 16:13 *Tomou Samuel o chifre do azeite
e o ungiu no meio de seus irmãos; e, daquele dia em
diante, o Espírito do Eterno se apossou de Davi. Então,
Samuel se levantou e foi para Ramá.*

Nos exemplos acima, cada coisa ou pessoa ungida é um messias. Contudo, quando alguém usa o termo **O** Messias, ele está utilizando um termo inventado pelo povo judeu. É um conceito judeu baseado na interpretação judaica das Escrituras Hebraicas, a Bíblia Judaica, sobre um certo homem judeu que está por vir para os judeus e fazer mudanças reais, visíveis, comprováveis, no mundo real, o mundo que vemos para fora da janela. O Messias é um título que indica uma tarefa específica a tarefa para a qual ele foi ungido.

Qual é, precisamente, a definição cristã da palavra "messias"? Os cristãos acreditam que o messias é alguém que é, de fato, Deus, que nasce como homem na Terra com uma mãe humana e com Deus como seu pai e que morreu pelos pecados da humanidade. Para os cristãos, Jesus foi o sacrifício de sangue que eles acreditam que era necessário para o perdão dos pecados, esses pecados são tanto os que cometemos por nossas próprias ações quanto o estado de pecado em que nos encontramos, apenas pela condição humana. Esse estado foi passado de uma geração para a seguinte, tendo começado com Adão e Eva quando pecaram no Jardim do Éden.

Para que o parágrafo acima seja verdadeiro, existe muito mais do que temos que acreditar, acima e além da simples declaração de que Jesus foi o Messias. Temos que acreditar que Deus tornou-se humano, ou que um humano pode tornar-se Deus. Temos que acreditar que uma pessoa pode morrer pelos pecados do outra. Temos que acreditar que tem de haver um sacrifício de sangue para o perdão dos pecados. Tem toda uma teologia por trás da declaração de que Jesus foi o Messias de acordo com a definição cristão do termo. Outros capítulos deste livro lidam com cada uma dessas crenças não bíblicas.

Temos que entender que a definição cristã do termo "messias" tem uma conexão mais forte com as crenças de pagãos do mundo antigo tinha em relação a seus homens/deuses sacrificados/salvadores. Como é que todos os cristãos definem o termo messias? Eles o definem exatamente como os pagãos faziam com alguns de seus deuses – nasciam no inverno, morriam na primavera e voltavam à vida. Acreditava-se que seus seguidores não morreria, mas teriam a vida eterna, porque a morte do deus funcionava como sacrifício pelos pecados do povo.. o mundo pagão era cheio de exemplos de deuses que eram fruto de uma mãe humana e um deus como pai. Como já vimos em outras partes deste livro, a mãe de Hércules foi a mortal Alcmena, seu pai era Zeus. A mãe de Dionísio era a humana Sêmele, e seu pai também era Zeus.

Quando os cristãos primitivos vinham às sinagogas para pregar, eles eram expulsos. Não deixavam que ficassem e pregasse; eram rejeitados porque sua mensagem era pagã., era reconhecida como tal pelos judeus, e eles eram retirados e separados do povo judeu como resultado. Podemos ver que os judeus reconheciam o paganismo na teologia cristã nos escritos dos cristãos primitivos fora de seu Novo Testamento.

O Justino Mártir (100 – 165) escreveu um livro chamado Diálogo com Trifão. Trifão era um modelo dos judeus do tempo de Justino Mártir, e ele colocou na boca de Trifão objeções judaicas ao cristianismo com as quais ele estava familiarizado. O Capítulo 67 de Diálogo com Trifão chama-se, em parte, "Trifão compara Jesus com Perseu". Justino Mártir escreve que Trifão se opunha ao cristianismo dizendo: "Além disso, nas fábulas daqueles que se chamam gregos, está escrito que Perseu foi gerado de Dânae, que era virgem; aquele que foi chamado entre eles Zeus tendo descido sobre ela na forma de uma chuva dourada. E você deve se sentir envergonhado quando faz afirmações semelhantes às deles, e prefere dizer que este Jesus nasceu homem de homens. E se você provar pelas Escrituras que ele é o Cristo, e que, por ter levado uma vida em conformidade com a lei e perfeita, ele merecia a honra de ser eleito para ser Cristo, [está bem]; mas não vos arrisqueis a contar fenómenos monstruosos, para que não sejais condenados por falar tolices como os gregos. www.ccel.org/ccel/schaff/anf01.viii.iv.lxvii.html

As primeiras comparações judaicas da teologia cristã à de Perseu também se encontra nos escritos de Orígenes (184-254), em sua obra Contra Celso, capítulo 67 (Ver http://www.ccel.org/ccel/schaff/anf04.vi.ix.i.lxviii.html)

Esse reconhecimento da comparação entre o cristianismo e o paganismo, mais do que qualquer coisa, é o que causou o racha entre o judaísmo e o cristianismo, e entre judeus e cristãos.

Mais ainda: as coisas que os cristãos diem que Jesus fez não são comprováveis, e só podem ser aceitas pela fé. Por exemplo, eles dizem que Jesus nasceu em Belém, mas não existe certidão de nascimento. Eles dizem que Jesus salva todos das torturas do inferno, mas qual é a prova? Eles dizem que Jesus fazia milagres, e dizem ainda que os evangelhos são relatos oculares. Tudo que eles dizem que Jesus fez deve ser aceito pela fé. Será que isso significa que também se deve acreditar nos relatos oculares do Corão, nos vedas do Hinduísmo, e nos escritos sobre Buda? Todas essas coisas que os cristãos dizem que Jesus fez não são comprováveis, mas, como veremos a seguir, todas as coisas que o messias verdadeiro vai fazer de acordo com o judaísmo serão comprováveis e perceptíveis no mundo real

Quem deve ser o Messias, e o que ele vai fazer quando chegar aqui?

Em primeiro lugar, os judeus sempre definiram o Messias como alguém que será totalmente humano, nascido de dois pais também humanos. Mas Jesus, de acordo com a teologia cristã, nasceu da união entre uma mulher e um Deus, e não de dois pais humanos. Isso é visto no livro de Mateus:

Matthew 1:18 *Ora, o nascimento de Jesus Cristo foi assim: estando Maria, sua mãe, desposada com José,*

*sem que tivessem antes coabitado, achou-se grávida
pelo Espírito Santo.*

O Messias verdadeiro é descendente direto da linha genealógica
do rei Davi. Assim como ninguém sem a própria genealogia pode se
tornar rei da Inglaterra, ninguém que não seja da linha genealógica
pode se tornar o Messias. Ter um rei como pai habilita a pessoa a
herdar o trono. Atualmente, o Príncipe Charles é o próximo na
linha sucessória para herdar o trono e se tornar Rei da Inglaterra.
Se ele desistir do trono, seu irmão Andrew não herda o trono, ao
invés disso, o primogênito de Charles, William, herdará o trono.
Como Davi era rei, a linhagem da realeza é prometida apenas a seus
descendentes diretos. Isso quer dizer que o Messias tem que ser um
descendente direto do Rei Davi. O Rei Davi teve muitos filhos, um
dos quais foi Salomão, que se tornou rei de Israel depois do Rei Davi.
Portanto, o Messias também deve ser descendente direto do Rei Davi
por meio do Rei Salomão.

Isaias 11:1-10 *Do tronco de Jessé sairá um rebento,
e das suas raízes, um renovo. 2 Repousará sobre ele
o Espírito do Eterno, o Espírito de sabedoria e de
entendimento, o Espírito de conselho e de fortaleza,
o Espírito de conhecimento e de temor do Eterno. 3
Deleitar-se-á no temor do Eterno; não julgará segundo
a vista dos seus olhos, nem repreenderá segundo o ouvir
dos seus ouvidos; 4 mas julgará com justiça os pobres
e decidirá com equidade a favor dos mansos da terra;
ferirá a terra com a vara de sua boca e com o sopro dos
seus lábios matará o perverso. 5 A justiça será o cinto
dos seus lombos, e a fidelidade, o cinto dos seus rins. 6
O lobo habitará com o cordeiro, e o leopardo se deitará
junto ao cabrito; o bezerro, o leão novo e o animal
cevado andarão juntos, e um pequenino os guiará.
7 A vaca e a ursa pastarão juntas, e as suas crias*

*juntas se deitarão; o leão comerá palha como o boi. 8
A criança de peito brincará sobre a toca da áspide, e
o já desmamado meterá a mão na cova do basilisco. 9
Não se fará mal nem dano algum em todo o meu santo
monte, porque a terra se encherá do conhecimento do
Eterno, como as águas cobrem o mar. 10 Naquele dia,
recorrerão as nações à raiz de Jessé que está posta por
estandarte dos povos; a glória lhe será a morada.*

Na citação acima. Davi é o renovo das raízes e o rebento do
tronco de Jessé, que era o pai do Rei Davi. O tronco é Davi e o
rebento é o Messias. Nas últimas duas linhas, a raiz de Jessé se
refere ao Messias. Esses versículo também indicam que algumas
coisas específicas que acontecerão quando o Messias vier. Os homens
se tornarão vegetarianos e cessará toda violência na Terra. A frase
"porque a terra se encherá do conhecimento do Eterno" significa
que todos os homens serão monoteístas e aceitarão o Deus Judaico,
o Deus único, como seu Deus. No entanto, essas coisas ainda estão
por acontecer. Assim como o eletricista não consertou os problemas
na casa de Jack, Jesus não modificou os problemas que existem no
mundo real. Todos os problemas que existiam antes dele continuam
existindo hoje. Ele não fez nada para cumprir o que significa ser
o Messias, o que os cristãos admitiram, quando inventaram a
necessidade de Jesus retornar em uma Segunda Vinda.

Outros citações que explicam que o Messias deve ser descendente
direto de Davi se encontram nos seguintes versículos:

Jeremias 23:5 *Eis que vêm dias, diz o Eterno, em
que levantarei a Davi um Renovo justo; e, rei que é,
reinará, e agirá sabiamente, e executará o juízo e a
justiça na terra.,*

Ezequiel 34:23-25 *Suscitarei para elas um só
pastor, e ele as apascentará; o meu servo Davi é que as*

apascentará; ele lhes servirá de pastor. 24 Eu, o Eterno, lhes serei por Deus, e o meu servo Davi será príncipe no meio delas; eu, o Eterno, o disse. 25 Farei com elas aliança de paz e acabarei com as bestas-feras da terra; seguras habitarão no deserto e dormirão nos bosques.

Ezequiel 37:25 *Habitarão na terra que dei a meu servo Jacó, na qual vossos pais habitaram; habitarão nela, eles e seus filhos e os filhos de seus filhos, para sempre; e Davi, meu servo, será seu príncipe eternamente.*

Jeremias 30:9 *que servirá ao Eterno, seu Deus, como também a Davi, seu rei, que lhe levantarei.*

Jeremias 33:14-15 Eis *que vêm dias, diz o Eterno, em que cumprirei a boa palavra que proferi à casa de Israel e à casa de Judá. 15 Naqueles dias e naquele tempo, farei brotar a Davi um Renovo de justiça; ele executará juízo e justiça na terra. 16 Naqueles dias, Judá será salvo e Jerusalém habitará.*

Oseias 3:4-5 Porque *os filhos de Israel ficarão por muitos dias sem rei, sem príncipe, sem sacrifício, sem coluna, sem estola sacerdotal ou ídolos do lar. 5 Depois, tornarão os filhos de Israel, e buscarão ao Eterno, seu Deus, e a Davi, seu rei; e, nos últimos dias, tremendo, se aproximarão do Eterno e da sua bondade..*

Cada uma das citações acima fala de um tempo em que Deus estabelecerá seu Messias, e em cada situação é um descendente de Davi que reinará.

Mas a linhagem de Jesus não pode passar por seu pai humano, de acordo com a teologia cristã, pois o pai de Jesus não era José, marido de Maria. De acordo com a teologia cristã, o pai de Jesus foi Deus.

O Messias real tem que ser um descendente direto por linha sanguínea do Rei Davi, somente por meio do filho do Rei Davi, Salomão, e não pode ser adotada na linha dravídica

No judaísmo, a linhagem de alguém é herdada por meio do pai, por isso, tradicionalmente, a ascensão à Torá se dá pelo nome do pai. A ideia de que a linhagem é rastreada pelo pai remonta ao livro de Números na Torá, quando Deus ordenou que os Israelitas fizessem um censo e que contassem todos os homens.

Números 1:2 *Levantai o censo de toda a congregação dos filhos de Israel, segundo as suas famílias, segundo a casa de seus pais, contando todos os homens, nominalmente, cabeça por cabeça.*

O Messias tem que ser capaz de rastrear sua linhagem por meio de seu pai humano. De acordo com a teologia cristã, Deus é pai de Jesus, o que quer dizer que não tem como rastrear por um pai humano até o Rei Salomão até o Rei Davi. Mateus e Lucas, ambos, rastreiam a linhagem de Jesus a José, marido de Maria. No entanto, eles insistem que Deus, e não José, foi pai de Jesus. Se José não é o pai biológico, então sua linhagem é irrelevante, porque Jesus não é descendente consanguíneo. Há quem argumente, contudo, que Jesus foi adotado por José. Mesmo que isso fosse verdade, Jesus ainda não podia ser o Messias, porque a Bíblia diz que o Messias deve vir direto do corpo de Davi:

2 Samuel 7:12-17 *Quando teus dias se cumprirem e descansares com teus pais, então, farei levantar depois de ti o teu descendente, que procederá de ti, e estabelecerei o seu reino. 13 Este edificará uma casa ao meu nome, e eu estabelecerei para sempre o trono do seu reino. 14 Eu lhe serei por pai, e ele me será por filho; se vier a transgredir, castigá-lo-ei com varas de homens e com açoites de filhos*

de homens. 15 Mas a minha misericórdia se não apartará dele, como a retirei de Saul, a quem tirei de diante de ti. 16 Porém a tua casa e o teu reino serão firmados para sempre diante de ti; teu trono será estabelecido para sempre. 17 Segundo todas estas palavras e conforme toda esta visão, assim falou Natã a Davi.

A citação a seguir fornece prova adicional de que o Messias tem que ser descendente direto de Salomão:

1 Crônicas 22:9-10 *Eis que te nascerá um filho, que será homem sereno, porque lhe darei descanso de todos os seus inimigos em redor; portanto, Salomão será o seu nome; paz e tranquilidade darei a Israel nos seus dias. 10 Este edificará casa ao meu nome; ele me será por filho, e eu lhe serei por pai; estabelecerei para sempre o trono do seu reino sobre Israel.*

A despeito do que está escrito acima, vamos fazer de conta por um momento que a linhagem de José pudesse utilizada como linhagem de Jesus. Conforme foi discutido antes, a linhagem do Messias deve se rastreada até o Rei Davi, por meio de seu filho Salomão. No entanto, o Evangelho de Lucas rastreia a linhagem de José até o Rei Davi por meio de seu filho Natã, meio irmão de Salomão, como podemos ver nos versículos abaixo. Isso seria como alguém reclamar o trono da Inglaterra porque é descendente de Andrew, o irmão do Príncipe Charles, quando o trono só pode ser passado pelo Príncipe Charles e seus descendentes. Isso fornece mais uma razão pela qual Jesus não pode ser o Messias. Se os cristãos se agarrarem a essa reivindicação de que sua linhagem pode ser rastreada por José:

Lucas 3:31-32 *Eliaquim, filho de Meleá, Meleá, filho de Mená, Mená, filho de Matatá, este, filho de Natã, filho de Davi; 32 Davi, filho de Jessé, Jessé, filho de Obede, Obede, filho de Boaz, este, filho de Salá, filho de Naassom;,*

O Messias real não pode ser um descendente de Jeoaquim, Jeconias ou Salatiel

Algumas pessoas foram impedidas de serem herdeiros ao trono do Rei Davi. Jeoaquim teve tanta raiva de Deus que Deus declarou que nenhum de seus descendentes podem sentar-se no torno do Rei Davi e governar Judá o que o verdadeiro messias fará. Os versículos a seguir mostram que os descendentes de Jeoaquim incluem Salatiel:

> 1 Crônicas 3:15-17 *Os filhos de Josias foram: o primogênito, Joanã; o segundo, Jeoaquim; o terceiro, Zedequias; o quarto, Salum. 16 Os filhos de Jeoaquim: Jeconias e Zedequias. 17 Os filhos de Jeconias, o cativo: Salatiel,*

Muitos outros versículos se referem à maldição imposta a esses descendentes específicos. No exemplo a seguir, Deus diz que ninguém deve sentir pena de Jeoaquim porque ele será amaldiçoado:

> Jeremias 22:18 *Portanto, assim diz o Eterno acerca de Jeoaquim, filho de Josias, rei de Judá: Não o lamentarão, dizendo: Ai, meu irmão! Ou: Ai, minha irmã! Nem o lamentarão, dizendo: Ai, Eterno! Ou: Ai, sua glória!!*

Deus também declara que todos os descendentes de Jeoaquim são malditos, independentemente de seu valor individual:

> Jeremias 22:24 *Tão certo como eu vivo, diz o Eterno, ainda que Jeconias, filho de Jeoaquim, rei de Judá, fosse o anel do selo da minha mão direita, eu dali o arrancaria;*

O versículo a seguir dá a maldição real imposta sobre Jeoaquim por Deus:

Jeremias 22:30 *Assim diz o Eterno: Registrai este como se não tivera filhos; homem que não prosperará nos seus dias, e nenhum dos seus filhos prosperará, para se assentar no trono de Davi e ainda reinar em Judá.*

A maldição sobre Jeoaquim é significativa porque, de acordo com Mateus 1:11-12 e Lucas 3:27, Jesus é descendente desse homem amaldiçoado através de Salatiel. Os dois livros do Novo Testamento explicam que Jesus é um descendente de Salatiel, que é neto de Jeoaquim. A maldição imposta sobre Jeoaquim também se aplica a Jesus, descendente através de Salatiel, filho de Jeconias, que era filho de Jeoaquim, o que significa que ele não pode ser feito o Messias.

Mateus 1:11-12 *Josias gerou a Jeconias e a seus irmãos, no tempo do exílio na Babilônia. 12 Depois do exílio na Babilônia, Jeconias gerou a Salatiel; e Salatiel, a Zorobabel;;*

Lucas 3:27 *Jodá, filho de Joanã, Joanã, filho de Resa, Resa, filho de Zorobabel, este, de Salatiel, filho de Neri;,*

O cristianismo sabia que havia um problema com a linhagem de Jesus desde o começo. É por isso que Paulo diz aos cristãos primitivos para não se importarem com os problemas com a genealogia de Jesus quando escreveu:

1 Timóteo 1:4 *nem se ocupem com fábulas e genealogias sem fim, que, antes, promovem discussões do que o serviço de Deus, na fé.*

Tito 3:9 *Evita discussões insensatas, genealogias, contendas e debates sobre a lei; porque não têm utilidade e são fúteis.*

Alguns podem dizer que a maldição sobre Jeoaquim foi retirada porque um descendente seu foi governador da Judeia. Entretanto, o texto da maldição afirma que seus descendentes não sentarão no trono de Davi. A maldição significa que nunca terão soberania completa sobre a Terra Prometida. Apenas como governador, indicado por um governo que não era seu, nenhum descendente de Jeoaquim teve soberania, exatamente como a maldição prometeu.

Qual a tarefa para a qual o Messias foi ungido?

O verdadeiro Messias vai fazer modificações no mundo real, mudanças que podem ser vistas, percebidas e comprovadas. É para essa tarefa que o verdadeiro Messias foi ungido em primeiro lugar. Por isso o termo, messias – aquele que foi ungido. Essas modificações que poderemos ver e perceber no mundo real incluem o seguinte:

1. Para Anunciar o Messias, e com as mesmas metas do Messias, aparece Elias

O Messias tem uma descrição de trabalho específica, que a Bíblia explica em detalhes. Elias, o profeta, que vai anunciar a vinda do Messias, tem as mesmas metas do Messias. Os versículos a seguir explicam que tanto Elias quanto o Messias unirão as famílias:

The Messiah has a specific job description, which the Bible explains in detail. Elijah the prophet, who will herald the coming of the Messiah, has the same goals as the Messiah. The following verse explains that both Elijah and the Messiah will bring families closer together:

Malaquias 4:5-6 *Eis que eu vos enviarei o profeta Elias, antes que venha o grande e terrível Dia do Eterno; 6 ele converterá o coração dos pais aos filhos e o coração dos filhos a seus pais, para que eu não venha e fira a terra com maldição.*

Em Mateus 10:34-37, porém, Jesus diz que ele não veio para trazer a paz, mas para virar as famílias umas contra as outras, de forma que seus inimigos serão as pessoas de suas próprias casas:

> *34 Não penseis que vim trazer paz à terra; não vim trazer paz, mas espada. 35 Pois vim causar divisão entre o homem e seu pai; entre a filha e sua mãe e entre a nora e sua sogra. 36 Assim, os inimigos do homem serão os da sua própria casa. 37 Quem ama seu pai ou sua mãe mais do que a mim não é digno de mim; quem ama seu filho ou sua filha mais do que a mim não é digno de mim;*

Além disso, Malaquias acima nos fala que Elias retorna, precedendo a vinda do Messias, embora Jesus reivindicasse que João Batista era Elias. Ao contrário, João Batista não sabia que ele era Elias:

> Mateus 11:12-14 Desde *os dias de João Batista até agora, o reino dos céus é tomado por esforço, e os que se esforçam se apoderam dele. 13 Porque todos os Profetas e a Lei profetizaram até João. 14 E, se o quereis reconhecer, ele mesmo é Elias, que estava para vir..*

> João 1:19-21 *Este foi o testemunho de João, quando os judeus lhe enviaram de Jerusalém sacerdotes e levitas para lhe perguntarem: Quem és tu? 20 Ele confessou e*

não negou; confessou: Eu não sou o Cristo. 21 Então,
lhe perguntaram: Quem és, pois? És tu Elias? Ele disse:
Não sou. És tu o profeta? Respondeu: Não..

Também é interessante que, mesmo tendo João Batista batizado Jesus, reconhecendo Jesus como o messias instantaneamente, oito capítulos adiante, ainda em Mateus, João Batista não tinha certeza. Em Mateus 3:13-15, João relutava em batizar Jesus porque reconhecia quem era:

> *Por esse tempo, dirigiu-se Jesus da Galileia para o*
> *Jordão, a fim de que João o batizasse. 14 Ele, porém,*
> *o dissuadia, dizendo: Eu é que preciso ser batizado por*
> *ti, e tu vens a mim? 15 Mas Jesus lhe respondeu: Deixa*
> *por enquanto, porque, assim, nos convém cumprir toda*
> *a justiça. Então, ele o admitiu.*

Mas em Mateus 11:2-3, João deve ter esquecido que tinha reconhecido Jesus mais cedo, quando esperava o Messias:

> *Quando João ouviu, no cárcere, falar das obras*
> *de Cristo, mandou por seus discípulos perguntar-lhe:*
> *3 És tu aquele que estava para vir ou havemos de*
> *esperar outro?*

2. A dinastia do Rei Davi é restabelecida por meio dos próprios filhos do Messias, que reinarão por toda a Terra

De maneira a restabelecer a dinastia do Rei Davi e permitir que essa dinastia continue, o Messias terá filhos que governarão após sua morte.

> Daniel 7:13-14 *Eu estava olhando nas minhas visões*
> *da noite, e eis que vinha com as nuvens do céu um como*

o Filho do Homem, e dirigiu-se ao Ancião de Dias, e o fizeram chegar até ele. 14 Foi-lhe dado domínio, e glória, e o reino, para que os povos, nações e homens de todas as línguas o servissem; o seu domínio é domínio eterno, que não passará, e o seu reino jamais será destruído.

No entanto, Jesus não teve filhos por meio dos quais essa dinastia pudesse ser restabelecida.

3. Haverá paz entre todas as nações, entre todos os povos e entre todos os indivíduos

Os versículos a seguir demonstram as formas em que o Messias trará a paz. Não haverá guerras e todas as armas serão destruídas.

Isaías 2:2-4 Nos últimos dias, acontecerá que o monte da Casa do Eterno será estabelecido no cimo dos montes e se elevará sobre os outeiros, e para ele afluirão todos os povos. 3 Irão muitas nações e dirão: Vinde, e subamos ao monte do Eterno e à casa do Deus de Jacó, para que nos ensine os seus caminhos, e andemos pelas suas veredas; porque de Sião sairá a lei, e a palavra do Eterno, de Jerusalém. 4 Ele julgará entre os povos e corrigirá muitas nações; estas converterão as suas espadas em relhas de arados e suas lanças, em podadeiras; uma nação não levantará a espada contra outra nação, nem aprenderão mais a guerra.

Miqueias 4:1-4 Mas, nos últimos dias, acontecerá que o monte da Casa do Eterno será estabelecido no cimo dos montes e se elevará sobre os outeiros, e para ele afluirão os povos. 2 Irão muitas nações e dirão: Vinde, e subamos ao monte do Eterno e à casa do Deus de

Jacó, para que nos ensine os seus caminhos, e andemos pelas suas veredas; porque de Sião procederá a lei, e a palavra do Eterno, de Jerusalém. 3 Ele julgará entre muitos povos e corrigirá nações poderosas e longínquas; estes converterão as suas espadas em relhas de arados e suas lanças, em podadeiras; uma nação não levantará a espada contra outra nação, nem aprenderão mais a guerra. 4 Mas assentar-se-á cada um debaixo da sua videira e debaixo da sua figueira, e não haverá quem os espante, porque a boca do Eterno o disse.

Ezequiel 39:9 *Os habitantes das cidades de Israel sairão e queimarão, de todo, as armas, os escudos, os paveses, os arcos, as flechas, os bastões de mão e as lanças; farão fogo com tudo isto por sete anos.*

Obviamente, a paz mundial ainda não é uma realidade. Além disso, Jesus disse em Mateus 10:34 (já referido), que o propósito de sua vinda era trazer a espada, e não a paz. De todas as coisas que os judeus esperaram por milênios, a paz é o ápice e é algo por que oramos, frequentemente, com o livro de orações tradicionais judaico. Como não há paz, e uma vez que Jesus disse que nunca pretendeu trazer a paz, Jesus, claramente, não era o messias.

4. O mundo se torna vegetariano

Se não pode existir violência, não pode existir consume de carne, porque matar um animal exige que se cometa uma violência contra ele ao lhe tirar a vida e o abater. Portanto, todos os humanos e todos os animais se tornarão vegetarianos como lemos em Isaías:

Isaías 11:6-9 *O lobo habitará com o cordeiro, e o leopardo se deitará junto ao cabrito; o bezerro, o leão novo e o animal cevado andarão juntos, e um pequenino os guiará. 7 A vaca e a ursa pastarão juntas, e as suas crias juntas se deitarão; o leão comerá palha como o boi. 8 A criança de peito brincará sobre a toca da áspide, e o já desmamado meterá a mão na cova do basilisco. 9 Não se fará mal nem dano algum em todo o meu santo monte, porque a terra se encherá do conhecimento do Eterno, como as águas cobrem o mar.*

5. **Todas as armas de Guerra serão destruídas**

Todas as armas de guerra serão destruídas, em fogo ou sepultadas:

Ezequiel 39:9 *Os habitantes das cidades de Israel sairão e queimarão, de todo, as armas, os escudos, os paveses, os arcos, as flechas, os bastões de mão e as lanças; farão fogo com tudo isto por sete anos:*

Ezequiel 39:12 *Durante sete meses, estará a casa de Israel a sepultá-los, para limpar a terra.*

6. **Os gentios se converterão ao judaísmo, ou, ao menos virarão monoteístas**

Quando o Messias vier Deus vai estabelecer uma nova aliança com os judeus que será diferente da anterior. A aliança existente exige que o povo busque a Bíblia para aprender o que Deus quer deles. A nova aliança vai existir dentro do coração das pessoas para que eles só precisem buscar dentro de si mesmos. Deus já terá plantado lá o que ele quer do seu povo. Além disso, não será preciso um trabalho missionário porque todo o mundo conhecerá inerentemente a Deus.

Os versículos a seguir são normalmente citados por missionários cristãos porque se referem a uma "nova aliança", e isso é abordado em profundidade na Segunda Parte deste livro.

Jeremias 31:31-34 *Eis aí vêm dias, diz o Eterno, em que firmarei nova aliança com a casa de Israel e com a casa de Judá. 32 Não conforme a aliança que fiz com seus pais, no dia em que os tomei pela mão, para os tirar da terra do Egito; porquanto eles anularam a minha aliança, não obstante eu os haver desposado, diz o Eterno. 33 Porque esta é a aliança que firmarei com a casa de Israel, depois daqueles dias, diz o Eterno: Na mente, lhes imprimirei as minhas leis, também no coração lhas inscreverei; eu serei o seu Deus, e eles serão o meu povo. 34 Não ensinará jamais cada um ao seu próximo, nem cada um ao seu irmão, dizendo: Conhece ao Eterno, porque todos me conhecerão, desde o menor até ao maior deles, diz o Eterno. Pois perdoarei as suas iniquidades e dos seus pecados jamais me lembrarei.*

Muitos cristãos acreditam que os versículos acima são uma profecia do Novo Testamento cristão. No entanto, se a nova aliança já existe hoje, os cristãos não precisariam mais fazer trabalho missionário, e as pessoas não precisariam ler a Bíblia (ou qualquer outro livro) porque já saberiam o que Deus quer delas. É óbvio que a aliança descrita nesses versículos ainda não foi feita. A nova aliança será feita com os judeus, não com os gentios. Por meio dos judeus, todos os outros povos aprenderão que Deus quer deles. Enquanto as pessoas tiverem que fazer trabalho missionário com outras pessoas com outras crenças, a nova aliança ainda não foi feita.

8. Haverá reconhecimento universal de que a ideia Judaica de Deus é Deus.

O livro de Isaías contém a mesma ideia básica de que o mundo se tornará totalmente judaico, ou, pelo menos, totalmente monoteísta.

Isaías 11:9 *Não se fará mal nem dano algum em todo o meu santo monte, porque a terra se encherá do conhecimento do Eterno, como as águas cobrem o mar.*

Da mesma maneira, que o fundo do mar é coberto por água, o conhecimento de Deus cobrirá todos os povos por toda a Terra.

Zacarias 14:9 *O Eterno será Rei sobre toda a terra; naquele dia, um só será o Eterno, e um só será o seu nome.*

A citação a seguir refere-se ao feriado judaico do Sucote, a Festa dos Tabernáculos. Isso oferece uma explicação de porque alguns cristãos celebram o Sucote hoje. De acordo com a Bíblia, quando vier o Messias, o mundo inteiro celebrará este feriado. Como os cristãos acreditam que o Messias já veio como Jesus, alguns celebram este feriado judaico hoje em dia.

Zacarias 14:16 *Todos os que restarem de todas as nações que vieram contra Jerusalém subirão de ano em ano para adorar o Rei, o Eterno, e para celebrar a Festa dos Tabernáculos.*

9. Os judeus serão procurados para orientação espiritual

Depois que o Messias chegar, todas as nações da Terra irão buscar conselhos com os judeus.

> Zacarias 8:23 *Assim diz o Eterno: Naquele dia, sucederá que pegarão dez homens, de todas as línguas das nações, pegarão, sim, na orla da veste de um judeu e lhe dirão: Iremos convosco, porque temos ouvido que Deus está convosco.*

10. Chegará o fim de todas as formas de idolatria

> Zacarias 13:2 *Acontecerá, naquele dia, diz o Eterno, que eliminarei da terra os nomes dos ídolos, e deles não haverá mais memória; e também removerei da terra os profetas e o espírito imundo.*

No entanto, o mundo continua mergulhado na idolatria.

11. Haverá uma reunião de todas as doze tribos

O Messias também reunirá os judeus de todas as partes do mundo e trazê-los para sua terra, a Terra Prometida, dada por Deus, a Terra de Israel.

> Ezequiel 36:24 Tomar-*vos-ei de entre as nações, e vos congregarei de todos os países, e vos trarei para a vossa terra.*

> Isaías 43:5-6 *Não temas, pois, porque sou contigo; trarei a tua descendência desde o Oriente e a ajuntarei desde o Ocidente. 6 Direi ao Norte: entrega! E ao Sul:*

não retenhas! Trazei meus filhos de longe e minhas filhas, das extremidades da terra,

Entretanto, muitas da dez tribos permanecem perdidas, e nem todos os judeus vivem em Israel.

12. O Templo será reconstruído

O Templo, construído a primeira vez pelo Rei Salomão, destruído pelos babilônios, reconstruído sob Ciro da Pérsia, novamente destruído pelos romanos, será reconstruído:

> Isaías 2:2 *Nos últimos dias, acontecerá que o monte da Casa do Eterno será estabelecido no cimo dos montes e se elevará sobre os outeiros, e para ele afluirão todos os povos.*

> Ezequiel 37:26-28 *Farei com eles aliança de paz; será aliança perpétua. Estabelecê-los-ei, e os multiplicarei, e porei o meu santuário no meio deles, para sempre. 27 O meu tabernáculo estará com eles; eu serei o seu Deus, e eles serão o meu povo. 28 As nações saberão que eu sou o Eterno que santifico a Israel, quando o meu santuário estiver para sempre no meio deles.*

No entanto, o templo ainda tem que ser reconstruído.

13. A fome deixará de existir

> Ezequiel 36:29-30 *Livrar-vos-ei de todas as vossas imundícias; farei vir o trigo, e o multiplicarei, e não trarei fome sobre vós. 30 Multiplicarei o fruto*

*das árvores e a novidade do campo, para que jamais
recebais o opróbrio da fome entre as nações.*

Contudo, as pessoas continuam a morrer de fome a cada dia.

14. A morte deixará de existir

Em algum ponto depois da vinda do Messias, a morte vai deixar
de acontecer e haverá um julgamento final de todos os povos.

Isaías 25:8 *Tragará a morte para sempre, e, assim,
enxugará o Deus Eterno as lágrimas de todos os rostos,
e tirará de toda a terra o opróbrio do seu povo, porque
o Eterno falou.*

Entretanto, as pessoas continuam a morrer a cada dia.

15. Os mortos ressuscitarão

O profeta Isaías sabe que a ressurreição dos mortos não acontecerá
durante sua própria vida, mas ele explica que os mortos (inclusive
ele) viverão de novo um dia.

Isaías 26:19 *Os vossos mortos e também o meu
cadáver viverão e ressuscitarão; despertai e exultai,
os que habitais no pó, porque o teu orvalho, ó Deus,
será como o orvalho de vida, e a terra dará à luz os
seus mortos.*

Na próxima citação, Daniel fala de um dia de juízo final, que,
de acordo com o judaísmo, não se refere ao inferno. A vergonha e o
horror a que ele se refere não significa sofrimento e tortura eternos.
Por exemplo, Adolf Hitler é um nome do qual se pensa sempre com

horror eterno. Ela não sofrerá tortura eterna, mas seu nome, sua imagem, sua vida são o resumo do que outras pessoas não devem fazer.

Daniel 12:2 *Muitos dos que dormem no pó da terra ressuscitarão, uns para a vida eterna, e outros para vergonha e horror eterno.*

Ezequiel 37:12-13 *Portanto, profetiza e dize-lhes: Assim diz o Deus Eterno: Eis que abrirei a vossa sepultura, e vos farei sair dela, ó povo meu, e vos trarei à terra de Israel. 13 Sabereis que eu sou o Eterno, quando eu abrir a vossa sepultura e vos fizer sair dela, ó povo meu.*

Isaías 43:5-6 *Não temas, pois, porque sou contigo; trarei a tua descendência desde o Oriente e a ajuntarei desde o Ocidente. 6 Direi ao Norte: entrega! E ao Sul: não retenhas! Trazei meus filhos de longe e minhas filhas, das extremidades da terra,*

16. Todas as outras nações ajudarão materialmente os judeus

Quando vier o messias, as nações da Terra darão aos judeus sua riqueza, bem parecido com quando os egípcios deram sua riqueza para os escravos hebreus no êxodo.

Isaías 60:5-6 *5 Então, o verás e serás radiante de alegria; o teu coração estremecerá e se dilatará de júbilo, porque a abundância do mar se tornará a ti, e as riquezas das nações virão a ter contigo. 6 A multidão de camelos te cobrirá, os dromedários de Midiã e de Efa; todos virão de Sabá; trarão ouro e incenso e publicarão os louvores do Eterno.*

Isaías 60:10-12 *Estrangeiros edificarão os teus muros, e os seus reis te servirão; porque no meu furor te castiguei, mas na minha graça tive misericórdia de ti. 11 As tuas portas estarão abertas de contínuo; nem de dia nem de noite se fecharão, para que te sejam trazidas riquezas das nações, e, conduzidos com elas, os seus reis. 12 Porque a nação e o reino que não te servirem perecerão; sim, essas nações serão de todo assoladas.*

Isaías 61:6 *Mas vós sereis chamados sacerdotes do Eterno, e vos chamarão ministros de nosso Deus; comereis as riquezas das nações e na sua glória vos gloriareis.*

17. O povo judeu será caracterizado por alegria e gozo eterno

Isaías 51:11 *Assim voltarão os resgatados do Eterno e virão a Sião com júbilo, e perpétua alegria lhes coroará a cabeça; o regozijo e a alegria os alcançarão, e deles fugirão a dor e o gemido.*

18. O rio egípcio irá secar

Isaías 11:15 *O Eterno destruirá totalmente o braço do mar do Egito, e com a força do seu vento moverá a mão contra o Eufrates, e, ferindo-o, dividi-lo-á em sete canais, de sorte que qualquer o atravessará de sandálias.*

19. As árvores produzirão frutos todos os meses em Israel

Ezequiel 47:12 *Junto ao rio, às ribanceiras, de um e de outro lado, nascerá toda sorte de árvore que dá fruto para se comer; não fenecerá a sua folha, nem faltará o seu fruto; nos seus meses, produzirá novos frutos, porque as suas águas saem do santuário; o seu fruto servirá de alimento, e a sua folha, de remédio.*

20. Cada tribo de Israel receberá sua herança

Cada tribo retornará àquela parte da Terra Prometida que lhes foi prometida desde seus ancestrais.

Ezequiel 47:13-14 *Assim diz o Deus Eterno: Este será o limite pelo qual repartireis a terra em herança, segundo as doze tribos de Israel. José terá duas partes. 14 Vós a repartireis em heranças iguais, tanto para um como para outro; pois jurei, levantando a mão, dá-la a vossos pais; assim, que esta mesma terra vos cairá a vós outros em herança.*

21. Todas as nações da Terra reconhecerão seus pecados contra os judeus

As nações da Terra reconhecerão que estavam erradas, que os judeus estavam certos, e que os pecados das nações gentias, suas perseguições e assassinatos de judeus que cometeram foram suportados pelo povo judeu. Isso está demonstrado na famosa passagem de Isaías 53, e é abordado, em detalhes, na Segunda Parte deste livro.

Essa é a maior parte das coisas que compõem a descrição da tarefa do Messias, para as quais ele será ungido. Essas coisas que devem acontecer quando o Messias vier, nenhuma dessas coisas aconteceu ainda, o que quer dizer que o Messias ainda não veio. Até os cristãos reconhecem que nada do que foi descrito acima aconteceu ainda. É por isso que o cristianismo inventou a ideia de uma Segunda Vinda. O verdadeiro Messias não precisa vir uma segunda vez para fazer as coisas que ele devia fazer na primeira vez. O verdadeiro Messias conseguirá realizar essas tarefas durante seu próprio tempo.

Tenha em mente a história no começo deste capítulo, o eletricista veio à casa de Jack, não modificou absolutamente nada, e se foi. Os judeus criaram o termo Messias, os judeus definiram o termo. Como dissemos acima, alguém vir para os judeus e dizer que essa definição está incorreta, e que o Messias teve que morrer pelos nossos pecados (conceito não bíblico) é como alguém que não fale Inglês dizer que um eletricista é alguém que conserta encanamentos.

Capítulo 10

A DEFINIÇÃO DE JUDEU

Muita gente, cristã e judia também, acredita erroneamente que, assim como alguém pode ser negro e cristão, asiático e cristão, também se pode ser judeu e cristão. Essa crença não é verdade, porque os judeus não são uma raça. Não há código genético passado pela mãe ou pelo pai ao filho que faça desse filho um judeu. Descobertas recentes de códigos genéticos comuns em judeus mostram apenas que os ancestrais da pessoa eram, muito provavelmente, judeus, mas isso não faz daquela pessoa um judeu. Embora não se possa ser convertido para se tornar membro de uma raça (ninguém pode se converter em negro ou em oriental), alguém que se converta ao judaísmo se torna plenamente judeu.

O fato de que alguém não tenha nascido judeu possa se tornar judeu ao se converter ao judaísmo pode ser visto na Bíblia. No livro de Ester, nos contam quantos persas se tornaram judeus:

> Ester 8:17 *Também em toda província e em toda cidade aonde chegava a palavra do rei e a sua ordem, havia entre os judeus alegria e regozijo, banquetes e festas; e muitos, dos povos da terra, se fizeram judeus, porque o temor dos judeus tinha caído sobre eles.*

Poderíamos acreditar que para ser verdadeiramente judeu, teríamos que ser membros de uma tribo judaica, uma vez que a palavra "judeu" se deriva da palavra "Judá". Mas o livro de Ester dissipa este mito também. O livro de Ester chama Mordecai, que era da tribo de Benjamim, de judeu:

> Ester 2: *Ora, na cidadela de Susã havia certo homem judeu, benjamita, chamado Mordecai, filho de Jair, filho de Simei, filho de Quis,*

A Bíblia é clara: não é preciso ser da tribo de Judá para ser chamado judeu, e pode-se converter ao judaísmo e se tornar um judeu. De forma semelhante, se alguém se converte do judaísmo para outra fé, deixa de ser judeu.

Quando o mundo não judaico argumenta que alguém, que era judeu mas se converte ao cristianismo pode conservar a "cultura e a etnicidade judaica", temos que perguntar: – Qual cultura judaica? Qual etnicidade judaica? A cultura e a etnicidade de um judeu marroquino tem pouco em comum com a etnicidade e a cultura de um judeu da Europa Oriental. Mesmo assim, ambos são judeus por que sua fé – o judaísmo –é a mesma.

Se acontece que, do mesmo jeito que muitos que se convertem ao judaísmo se tornam judeus, os que se convertem do judaísmo para outras fés deixam de ser judeus. A base bíblica para isto está em 1 Reis 18:21. O profeta Elias se dirige aos judeus que estavam começando a se inclinar pela adoração a Baal.

> 1 Reis 18:21 *Então, Elias se chegou a todo o povo e disse: Até quando coxeareis entre dois pensamentos? Se o Eterno é Deus, segui-o; se é Baal, segui-o. Porém o povo nada lhe respondeu.*

A posição de Elias é que as pessoas têm que escolher uma coisa ou outra, porque nãos se pode acreditar simultaneamente em duas ideias excludentes. O judaísmo e o cristianismo acreditam em ideias opostas, mutuamente excludentes. Você não pode ser judeu e acreditar que Jesus foi o Messias ao mesmo tempo (veja o capítulo IX a respeito do Messias). Há aqueles que nasceram judeus, mas aceitaram Jesus. Eles podem querer acreditar que ainda são judeus e que podem chamar Jesus pelo que eles pensam que era seu nome em Hebraico, podem chamar a si mesmos de nomes hebraicos para fazer com o que fizeram pareça mais judaico, mas, na verdade, eles deixaram o judaísmo e o povo judeu.

Quem determina quem é judeu são os judeus, e não ex judeus que se converteram ao cristianismo ou cristãos que querem ser judeus. A lei judaica é clara nesse assunto, como podemos ver na RESPONSA, as discussões legais feitas por rabinos ao longo dos últimos dois milênios.

Um rabino no final da Idade Média chamado Hai Gaon, citado por Aderet na Responsa VII #292, declarou que um judeu que se converte para outra fé não era mais judeu. Essa crença foi compartilhada por inúmeros rabinos e pode ser vista na literatura sobre a Responsa de Simon bem Zemah de Duran, Samuel de Medina, Judah Berab, Jacob Berab, Moses bem Elias Kapsali e outros na Idade Média. Moses Isserles exigia uma reconversão formal ao judaísmo daqueles que tivessem deixado o judaísmo, mas quisessem retornar à fé judaica. Exigia imersão ritual (mikveh) e arrependimento diante de um tribunal rabínico (*beit din*) tripla. Isso também pode ser observado em mais literatura sobre a Responsa, inclusive me Radbaz, Responsa III, 415, Moses Isserles a Yoreh Geah 268.12; e Hoffman, Melamed Leho-il II, 84

Mais recentemente, isso também pode ser visto na Responsa de Satmar Rove m sua Divrei Torahh, Yore Deah #59, parágrafo 5, tanto quanto na Responsa do Rabino Moshe Feinstein, Even Haezer Volume 4 Número 53.

Foi somente após a experiência dos conversos (cristãos novos?) . judeus que foram obrigados pela igreja a se converterem ao catolicismo, mas que praticavam secretamente o judaísmo, (cripto judeus), e os rabinos determinaram que quem fosse convertido involuntariamente do judaísmo não precisava se reconverter ao judaísmo. Isso é uma suposição que, como a conversão foi forçada, o judeu em seu coração nunca deixou a religião judaica. Isso diz respeito apenas aos que quiserem retornar ao judaísmo, não diz nada sobre aqueles que aceitam a teologia do cristianismo como sua e, portanto, permanecem cristãos.

Esse conceito não se aplica a ninguém mais, em nenhum outro lugar, que se converta ao cristianismo hoje em dia. No mundo moderno, não se dá a ninguém as seguintes três opções: deixar o país, morrer ou converter-se ao cristianismo, como os Cristãos davam aos judeus europeus na Idade Média. Foi o ato de terem sido forçados a se converter que deu motivo para essa leniência.

O moderno Estado de Israel tem uma lei chamada a Lei do Retorno, que lida exatamente com esse assunto. A lei determina que, como Israel é a pátria dos judeus, quem é judeu e pode provar isso pode vir para Israel e imediatamente se tornar cidadão israelense, como alguém que está voltando para casa.

Daniel Rufeisen nasceu judeu, de pai e mãe judeus. Por causa da perseguição nazista, ele fugiu de casa. No final, de vontade própria, ele escolheu se converter ao catolicismo e finalmente, tornou-se sacerdote. O Padre Daniel, sabedor da herança de seus pais, tendo pertencido a uma organização da juventude sionista e tendo salvo cerca de 100 judeus durante o holocausto, veio a Israel e requereu a cidadania israelense pela Lei do Retorno. A corte Suprema Israelense negou seu requerimento, afirmando que, como ele tinha se convertido, ele não era mais judeu. Ele teve que esperar o tempo costumeiro para qualquer outro não judeu para se tornar um cidadão israelense naturalizado. Isso é semelhante à situação nos Estados Unidos da América, onde espera-se anos para se tornar um cidadão naturalizado.

Favor notar que, como judeu, Padre Daniel se perdeu, mais uma vitória dos nazistas.

Mais recentemente, a mesma coisa aconteceu a um casal judeu "messiânico". Os Beresfords da África do Sul tentaram se tornar cidadãos de Israel pela Lei do Retorno, utilizando a justificativa de que seus pais eram judeus. Tiveram o pedido negado, nas mesmas bases do Padre Daniel. Lembrem-se que todos os pais envolvidos, os pais de Daniel Ruifeisen e os pais do casal Beresfords, eram judeus. Além disso, é interessante notar que o homem que liderou a luta contra o casal Beresfords pelo Departamento Israelense de Imigração era um rabino ortodoxo e membro do partido israelense ortodoxo conhecido com Shas. Como rabino ortodoxo, ele sabia bem a lei sobre esse tema.

A atitude do rabino é a mesma de muitos rabinos ortodoxos hoje em dia. O rabino ortodoxo Aryeh Kaplan, escrevendo pela União de Congregações judaicas Ortodoxas da América, para a Conferência Nacional da juventude das Sinagogas (o Grupo Jovem Ortodoxo), em seu livro, O Messias Verdadeiro, na página 11, escreveu o seguinte:

"Isso nos traz de volta à pergunta original: O que um judeu pode perder abraçando o cristianismo: A resposta é: Tudo.

O cristianismo nega os fundamentos da fé judaica, e alguém que o aceita rejeita a própria essência do judaísmo. Mesmo se ele continuar com todos os rituais, é o mesmo que abandonar o judaísmo completamente.

Um judeu que aceite o cristianismo pode se chamar um "cristão judeu", mas ele não é mais um judeu. Ele não pode nem mesmo ser contado como parte da Congregação Judaica."

Como ato de leniência, no entanto, alguns rabinos hoje em dia pedem ao ex judeu que retorna ao judaísmo que passe por todos os rituais de conversão. Isso pode ser "uma pedra de tropeço diante de um cego" para aqueles que querem retornar. Se permanecem cristãos, não são mais judeus. Mas se alguém deseja retornar ao judaísmo, o retorno é mais fácil, como um ato de compaixão.

De forma semelhante, enquanto alguém acredita que Jesus foi qualquer coisa mais do que um homem que viveu e morreu cerca de 2.000 anos atrás, essa pessoa não pode se converter ao judaísmo e se tronar um judeu, as duas fés, o judaísmo e o cristianismo, são simplesmente incompatíveis e mutuamente excludentes.

Esse tópico leva a outras perguntas, incluindo:

A grande maioria de judeus que são laicos, muitos que nem acreditam em Deus, são, de fato, judeus?

Sim, como um cidadão norte americano ainda é um cidadão mesmo que nunca vote, mesmo que não celebre o quatro de julho, ou mesmo que não coma peru no dia de Graças, ainda são cidadãos norte-americanos. Mas se se tornarem cidadãos de outro país, em especial de um país hostil aos Estados Unidos, perdem sua cidadania norte americana, mesmo que continuem a celebrar o quatro de julho e comam peru no dia de Ação de Graças norte americano. De forma semelhante, se uma pessoa se converte ao judaísmo, torna-se judeu; se alguém deixa o judaísmo, deixa de ser judeu, mesmo se continuarem comendo kosher e guardarem o ´Sábado como verdadeiros judeus.

Se define assim um judeu: um judeu é um membro de uma nação definida pela religião do judaísmo. Deixe-me explicar:

Não estou falando de uma nação como um país (como o estado de Israel), que é definido por fronteiras e passaportes. Mais do que isso, estou falando de uma nação no mesmo sentido que entendemos quando falamos em relação aos índios americanos nativos. Para eles, costumávamos utilizar o termo "tribo", mas o termo "nação" é mais preciso. Para os judeus, a analogia com uma nação é uma analogia perfeita, porque, de fato, foi isso que Deus disse a Abraão que faria dele:

Gênesis 12:2 *de ti farei uma grande nação. . .*

Deus não prometeu a Abraão que faria dele uma grande cultura, ou um grande grupo étnico. Somos uma nação, uma nação definida por nossa religião, porque está na literatura religiosa de nossa religião, a Bíblia, que nos conta que somos uma nação.

Para alguém se tornar cidadão de uma nação, tem que passar por um processo chamado naturalização. Para se tornar um "cidadão da nação judaica", para se tornar um judeu, o processo é chamado de conversão à religião do judaísmo. O processo é, na verdade, bem semelhante. Para se tornar um cidadão dos Estados Unidos, tem-se que estudar a lei, aprender sobre o país, aprender os costumes e celebrações do povo norte americano. É isso que se tem que fazer ao se converter ao judaísmo, Aprender a lei judaica, aprender sobre Israel e aprender os costumes e as celebrações do judaísmo, a fé do povo judeu.

Essa é outra razão pela qual somos definidos por nossa religião, porque é a conversão religiosa à religião que torna alguém membro da nação. Por outro lado, só porque um judeu não pratica a religião do judaísmo, isso não significa que não é mais um cidadão, que não é mais um judeu, a menos que essa pessoa se converta a outra religião. Isso pode ser explicado examinando quatro analogias:

1. Andy nasceu nos Estados Unidos, filho de dois cidadãos norte-americanos, mas Andy se muda para a Austrália. Lá ele continua envolvido em cada eleição norte americana, sabe cada assunto relacionado a sua cidade natal, seu estado, e mesmo no nível federal. Escreve para suas lideranças no Congresso, comem peru na quarta quinta feira de novembro e comemora o quatro de julho com fogos de artifício.

   Embora viva na Austrália, o Andy continua sendo cidadão dos Estados Unidos? Sim, continua cidadão norte americano porque não fez nada para desistir da sua cidadania.

   De forma semelhante, há judeus que se esforçam ativamente em ser judeu, que se afiliam com o povo judeu participando de sinagogas, sendo ativos em organizações judaicas, que celebram as festas e os dias santos, os eventos de ciclos de vida etc.

2. Bert nasceu nos Estados Unidos, filho de dois cidadãos norte-americanos, mas se mudou para a Bélgica. Lá, o Bert não se importa com nada que aconteça nos E.U.A. Se ele

tiver um emprego, comida e TV, ele está satisfeito. Bert não lembra quem é o presidente dos E.U.A, muito menos que problemas podia haver. Nem se dá conta da importância da quarta quinta feira de novembro, e não se lembra do que significa o quatro de julho.

Mesmo morando na Bélgica e sem fazer nada para participar como cidadão norte americano, para expressar ou promover os valores da democracia etc., o Bert continua sendo cidadão dos E.U.A.? Sim, continua sendo cidadão norte americano porque também não fez nada para perder sua cidadania.

De forma semelhante, existem aqueles judeus que não fazem nada do jeito judeu, que não se associam a nenhuma sinagoga ou templo ou organização judaica, não guardam os mandamentos, não celebram as festas e os dias santos, nem guardam o Sábado. No entanto, eles continuam sendo, apesar de tudo, judeus até o momento em que se converterem a outra religião.

3. Charlie nasceu nos E.U.A., filho de dois cidadãos norte-americanos, mas Charlie se muda para a China. Lá, Charlie faz de tudo para derrubar o governo dos E.U.A. Charlie se veste de luto todo quatro de julho, e ignora o dia de Ação de Graças. Charlie tenta contrabandear armas para os E.U.A. e derrubar o governo, e trabalha para combater tudo que ele representa.

Embora Charlie more na China e trabalhe para destruir os E.U.A., Charlie continua sendo cidadão norte americano? Sim, porque tentar derrubar o governo norte americano não constitui base para se perder a cidadania. Os que se opõem aos E.U.A. dessa maneira simplesmente são julgados no tribunal e vão para a cadeia.

Existem judeus cujas ações podiam ser – e são danosas e destrutivas para o judaísmo e para o povo judeu. Não obstante, esses continuam sendo judeus.

A única vez que Andy, Bert e Charlie perderiam sua cidadania norte americana seria se, e quando, aceitassem a cidadania de outro país – um ato que normalmente significa a renúncia à cidadania norte americana. Claro, os E.U.A. reconhece dupla cidadania em algumas circunstâncias com alguns outros países, mas o judaísmo e a nação judaica não reconhece dupla cidadania de jeito nenhum. O ato de aceitar outra fé retira a pessoa da "cidadania" na nação judaica. Um judeu que aceite a teologia de outra fé não é mais judeu de acordo com a lei judaica, como discutimos acima.

Agora, chegamos ao Danny.

4. Danny nasceu nos E.U.A. de um pai que é cidadão norte americano, mas a mãe é holandesa. Aos 18 anos, Danny tem que escolher entre a cidadania americana e a holandesa. Mas Danny não pode escolher a cidadania brasileira, porque não nasceu lá, nem tem nenhuma ligação com o Brasil por meio de seu pai ou sua mãe. De acordo com as leis internacionais e norte americanas, Danny pode conseguir direito a cidadania em países por meio de sua mãe ou de seu pai.

De acordo com a lei judaica, os direitos de cidadania na nação Judaica só vêm pela mãe, enquanto os direitos de herança, relacionados a genealogia, vêm pelo pai. Um exemplo dos últimos pode ser a herança de propriedade ou ser membro de uma tribo específica, como a de Benjamin, ou a de Levi, que vêm pelo pai. Agora, nas últimas décadas, só o movimento de reforma do judaísmo vem aceitando os direitos de "cidadania" dos judeus cuja linhagem vem pelo pai. Isso é feito apenas nos casos em que a criança foi criada com cerimônias e associações específicas e exclusivamente judaicas (um fato nem sempre declarado, mas, não obstante, verdadeiro).

Como judeu, somos escolhidos por Deus para agir como garoto propaganda de Deus no mundo. Deus precisa que os judeus sejam um lembrete constante para o resto do mundo

de que Deus existe, e de que Deus exige um comportamento
ético e moral da criatura de Deus. Agora que definimos o
que é ser judeu, significa ter uma missão no mundo. Essa
missão, definida em nossa aliança com Deus, é ser uma
luz para as nações, por meio de nossos atos e por meio de
nosso convite para que todos se juntem a nós em nossa
missão tornando-se judeus. Essas ações não se restringem
a comportamento ético e moral de nossa parte – são os
mandamentos que pretendem fazer de nós pessoas diferentes
e santas (a palavra santo significa diferente), por meio de
nossa observância de cada um deles.

Se alguém adota outra fé, como os "judeus" messiânicos
fizeram aceitando Jesus como seu salvador pessoal e Messias,
não são mais judeus. São cristãos. Isso também inclui os
nova eristas e os budistas judeus. Eles adotaram uma religião
que é totalmente diferente do judaísmo. Simplesmente negar
um elemento de uma fé é muito diferente de adotar uma
nova fé, ser batizado nela etc. Esses "judeus" messiânicos
ainda se querem ver como judeus, muito embora eles creiam
exatamente nas mesmas coisas que os membros da Igreja
Batista do Sul, ou Luterana, ou o sínodo de Missouri e as
Assembleias de Deus. São essas igrejas e denominações que
financiam, organizam e mantém as "sinagogas" messiânicas.

Isso leva a duas perguntas que alguns poderiam pensar em fazer
para aqueles que se tornaram "judeus" messiânicos.

Primeiro de tudo, se esses grupos ainda são judeus, então por
que é que as pessoas que os financiam não são seus "companheiros"
judeus? Essas organizações que têm o propósito de transformar
judeus em "judeus" messiânicos não recebem fundos das federações
judaicas, ou de outras organizações judaicas como a Liga Anti
Difamação (ADL), ou o Comitê Judaico Americano, ou qualquer
outra organização judaica. Na verdade, essas organizações judaicas
emitem boletins condenando o propósito dessas organizações

judaicas falsas em catequizar os judeus e transformá-los em cristãos. Muitas dessas organizações judaicas tem comissões cujo propósito é combater essas falsas organizações judaicas.

Outra pergunta que se poderia querer fazer dos "judeus" messiânicos é se eles acreditam que um judeu que não acredita em Jesus vai para o inferno. Como bons cristãos, eles escolheram uma fé que, na verdade acredita que os judeus que não aceitem Jesus vão, de fato, para o inferno. Isso quer dizer que, assim que uma pessoa vira cristã, assim que aceitam Jesus como seu salvador pessoal, filho de Deus e Messias, eles condenam aqueles que aparentemente são de seu próprio grupo. Verdadeiros judeus não condenam outros judeus a uma eternidade de tortura no inferno por não acreditarem em Jesus. Não dá para se ter tudo! Isso quer dizer que os "judeus" messiânicos condenam ao inferno o próprio grupo do qual eles ainda acham fazer parte. Isso faz sentido?

Para a comunidade Judaica, é ridículo reivindicar ser judeu e cristão ao mesmo tempo, e, sabidamente, judeus não são enganados.

CAPÍTULO 11

AS RAÍZES JUDAICAS DO CRISTIANISMO

A técnica mais recente para conseguir converter judeus ao cristianismo é fazer o salvos judeus acreditarem que não estão deixando o judaísmo ao se converterem ao cristianismo, que podem ser judeus e cristãos ao mesmo tempo. A maneira como se consegue isso é aninhando as crenças cristãs nas práticas judaicas, dar aos rituais cristãos um toque cristão, para que os alvos possam continuar a parecer e agir como judeus, mas o que eles estão fazendo é compreendido por meio de interpretações teológicas.

Essa técnica se justifica pela interpretação que os missionários cristãos dão a 1 Coríntios 9:20-22, em que argumentam que Paulo afirma que é aceitável que os missionários finjam ser qualquer coisa, contanto que leve à conversão ao cristianismo:

> *20 Procedi, para com os judeus, como judeu, a fim de ganhar os judeus; para os que vivem sob o regime da lei, como se eu mesmo assim vivesse, para ganhar os que vivem debaixo da lei, embora não esteja eu debaixo da lei. 21 Aos sem lei, como se eu mesmo o fosse, não estando sem lei para com Deus, mas debaixo da lei de Cristo, para ganhar os que vivem fora do regime da*

*lei. 22 Fiz-me fraco para com os fracos, com o fim de
ganhar os fracos. Fiz-me tudo para com todos, com o
fim de, por todos os modos, salvar alguns.*

Os missionários cristãos também citam Filipenses 1:18 para
justificar fingirem ser judeus, que expressa uma ideia semelhante:

*Todavia, que importa? Uma vez que Cristo, de
qualquer modo, está sendo pregado, quer por pretexto,
quer por verdade, também com isto me regozijo, sim,
sempre me regozijarei.*

De acordo com a interpretação dos missionários cristãos, Paulo,
em 1 Coríntios 9:20-22, justifica práticas enganadoras, e, em
Filipenses 1:18, faz distinção entre fingimento e verdade, mas aí
perdoa a prática no serviço de catequeses de outros ao cristianismo.

Isso é visto com mais frequência nas práticas daqueles que são
conhecidos como "judeus" messiânicos. Erroneamente, os que
seguem essa forma de cristianismo podem ser chamados de "judeus
por Jesus", mas isso confunde o nome de uma missão por judeus com
aqueles judeus que sucumbiram à sua catequese e outras organizações
que só existem para converter os judeus ao cristianismo.

Quando comparamos a teologia da organização dos Judeus por
Jesus com a dos "judeus" Messiânicos com a teologia da Convenção
Batista do Sul (SBC), não veremos diferenças. Compare ad profissões
de fé da Aliança Judaica Messiânica da América (cujo nome original
era Aliança Hebraico Cristã da América) com uma declaração de
fé da SBC. As duas podem ser encontradas na internet. De forma
semelhante, podemos olhar nos sítios web de qualquer "sinagoga"
messiânica e comparar sua declaração de crenças com as da
Convenção Batista do Sul, ou qualquer igreja batista, assembleias
de Deus ou qualquer outra igreja de qualquer denominação cristã e
veremos não apenas semelhanças, mas cópias, à exceção da utilização
das palavras com som mais judaico pelos "judeus" messiânicos,

para fazer parecer que aquilo em que eles acreditam continua sendo judaico.

Essa técnica, que se pode continuar judeu mesmo quando se aceita a teologia do cristianismo e torna-se cristão, é proposto no que os cristãos chamam de "Evangelismo Cultural Indígena", que diz que, se o missionário conseguir fazer o alvo pensar que pode ser tanto cristão quanto qualquer coisa que eram antes da conversão, a catequização será mais fácil. (Vide Compreendendo o Crescimento da Igreja, de Donald A. McGavran, a seção sobre O Fundamento Sociológico).

É isso que acontece quando os cristãos ensinam uma coisa que eles chamam de "raízes judaicas do cristianismo". Pode-se pensar que o termo "raízes judaicas" se refere à ideia cristã segundo a qual o cristianismo se desenvolveu a partir do judaísmo, que se baseia nas Escrituras Hebraicas, ou que os primeiros cristãos eram judeus. Não é isso que eles querem dizer.

Uma história:

Davi tinha um belo jardim onde ele cultivava tomates perfeitos. Um dia, seu amigo Mateus plantou pepinos bem no meio do jardim, Quando os pepinos brotaram, Mateus afirmou que os tomates eram a raiz de seus pepinos, em outras palavras, ele disse que os pepinos se desenvolveram a partir dos tomates e eram o resultado natural – ou a meta – dos tomates, quando atingissem a maioridade.

A história acima pode parecer ridícula, mas representa precisamente os argumentos de muitas pessoas que ensinam "as raízes judaicas do cristianismo", eles plantam pepinos cristãos, assim por dizer, no meio de tomates judeus, e, aí, reivindicam que o que plantaram brotou naturalmente a partir do que já estava crescendo. Em outras palavras, colocam uma interpretação teológica cristã em uma cerimônia ou em um ritual judaico. Aí, alegam que essa interpretação teológica cristã plantada, encontrando-se em dentro de algo judaico (porque foi plantado lá por eles, antes de tudo), prova as "raízes judaicas" do cristianismo. Isso não faz sentido, e mostra o quão fundo muitos irão para obter legitimidade judaica e fazer parecer que o que esses cristãos estão fazendo é judaico. Considere o exemplo a seguir. Durante o feriado judaico de Páscoa, coloca-se três unidades de matsá (pães asmos) no Sêder de Páscoa. Durante o Sêder, retira-se o matsá do meio, quebrado em dois, e uma dessas duas peças (chamada de Afikoman) é escondida, e trazida no final da refeição, Alguns cristãos alegam que o matsá e também o ritual do Afikomen simbolizam Jesus, e indica portanto que a teologia básica do cristianismo pode ser encontrada nos rituais judaicos, e indicam, assim, as "raízes judaicas" do cristianismo. Alegam a]que as três unidades de matsá representam a Trindade – o Pai, o filho e o Espírito Santo. Notem que é o matsá do meio, o filho na Trindade, que é retirado e partido (crucificado), escondido (sepultado) e trazido de volta (ressurreto). O matsá utilizado hoje também tem listras e linhas de furos. Para esses mesmos cristãos, as listras e os buracos também indicam as "raízes judaicas do cristianismo, porque as listras e buracos representam as marcas em Jesus pelo açoitamento por que passou e os buracos são os causados em Jesus pela crucificação.

O problema com essa explicação é que é absolutamente falsa. Não havia Sêder, não havia hagadá, não havia três unidades de matsá em nenhum prato de sêder, nem prato de Sêder, no tempo de Jesus. O ritual a ser observado no feriado da Pascoa Judaica, especialmente como conhecemos o ritual hoje, foi desenvolvido centenas de anos depois da morte de Jesus. Adicionalmente, as primeiras discussões obre o ritual da Páscoa só descrevem uma unidade e meia de matsá. Originalmente, a metade era partida ao meio e uma dessas partes, agora um quarto do matsá original, era posto de lado para ser comido como a última parte da refeição. Não era escondido, era apenas posto de lado, permanecendo à vista. A ideia de esconder o Afikomem teve origem na metade do século 17 na Alemanha como uma maneira de manter as crianças interessadas no ritual, e a ideia acabou pegando em todo o mundo judaico. O matsá de hoje tem listras e furos porque é feito em máquinas. A máquina faz as listras e os furos quando puxa a massa. Essa máquina só foi inventada cerca de 150 anos atrás, na metade do século 19.. Não podia ser um prenúncio da morte de Jesus, porque foi desenvolvido muito depois de Jesus morrer. Uma coisa não pode prenunciar algo que ocorreu antes. O matsá representar Jeus é meramente uma interpretação cristã.

É claro que os missionários cristãos e aqueles que querem acreditar que o cristianismo teve origem no judaísmo podem interpretar qualquer coisa de maneira cristã. Isso não quer dizer que o cristianismo se desenvolveu a partir do que estão interpretando. Se isso fosse o caso, a mesma lógica podia ser aplicada à pizza.

A pizza tem três elementos básicos: pão, molho de tomate e queijo. O elemento do meio é o molho de tomate, que é vermelho. Pode-se facilmente construir uma base cristã para os três elementos definitivos da pizza dizendo que os três ingredientes básicos da pizza representam a Trindade.

O pão

Jesus se intitule o pão da vida em João 6:35:

> *Declarou-lhes, pois, Jesus: Eu sou o pão da vida; o que vem a mim jamais terá fome; e o que crê em mim jamais terá sede.*

A massa de pizza tem que ser amassada, e essa imagem de amassar e bater a massa é um paralelo com o espancamento que Jesus recebeu antes de sua crucificação. A massa de pizza é esticada com um instrumento que faz furos nela para remover o ar. Isso é paralelo aos furos que Jesus recebeu no corpo na crucificação, da mesma forma que alegam que acontece com o matsá.

O molho de tomate

O molho é vermelho como o sangue de Jesus, e é espalhado na massa da mesma maneira que o sangue de um sacrifício é espalhado no altar em um altar.

O queijo cobre o resto da pizza como a morte de Jesus cobre os pecados do povo.

Essa explicação demonstra como qualquer coisa, até a pizza, pode ser utilizada para simbolizar Jesus. No entanto, isso quer dizer que o simbolismo encontrado na pizza comprova "as raízes do cristianismo na pizza"? Claro que não.

Um cristão poderia perguntar: – Mas os cristãos primitivos não eram, na verdade, judeus?. Sim, mas isso é irrelevante. Os primeiros protestantes eram católicos romanos, e Martinho Lutero era um padre católico romano. Contudo, os católicos romanos não consideram que o cristianismo protestante seja simplesmente outra forma de catolicismo romano ou a meta do catolicismo romano, nem sequer acreditam que os protestantes seja católicos concluídos, da forma que os cristãos chamam ofensivamente ex judeus que se tornaram cristãos de "judeus concluídos".

O livro apócrifo de 1 Macabeus explica que a primeira pessoa morta na revolta dos Macabeus foi um judeu. Ele foi morto por causa de seu desejo de sacrificar um porco para Zeus, o que Matatias tinha se recusado a fazer antes. Obviamente, esse judeu deve ter sido muito laico e absorvido. Se tivesse sobrevivido ao ataque de Matatias e, depois, formado uma religião dedicada à adoração de Zeus e seus filhos semi humanos, isso faria dessa religião recém criada uma nova forma de judaísmo? Se ele chamasse essa fé recém formada de "judeus para Zeus", ou "judeus para os filhos semi-humanos de Zeus", viraria uma fé com raízes judaicas?. Certamente que não! Só porque alguém é judeu, não quer dizer que tudo que faça ou em que acredite seja judaico.

Não há raízes judaicas do cristianismo, porque a teologia que o sustenta e da qual ela é derivada é antítese do que a Bíblia diz, é diametralmente oposta àquilo em que o judaísmo acredita, e tem muito mais em comum com a idolatria pagã dos homens/deuses que morrem/salvam o povo do que com qualquer coisa nas Escrituras Hebraicas, salvo quando os cristãos querem dar às Escrituras Hebraicas sua própria interpretação em toque pessoal, isso nos leva à Segunda parte deste livro.

SEGUNDA PARTE

UM CONTRASTE NA INTERPRETAÇÃO DAS ESCRITURAS HEBRAICAS

Capítulo 12

INTRODUÇÃO À INTERPRETAÇÃO

1. O leitor tem sempre certeza que a Bíblia diz o que o leitor entendeu.

Todo mundo tem crenças e experiências e atitudes que influenciam o seu pensar, e que influenciam a forma com que entende o que vê ou escuta. Isso é especialmente verdadeiro quando se trata de religião, e mais ainda quando lemos a Bíblia. Ler uma passagem com um ponto de vista cristão vai dar um entendimento daquela passagem de uma maneira totalmente diferente do que uma leitura com um ponto de vista judaico. Quando se trata de entender a Bíblia, existe um ditado antigo que diz que "o leitor tem sempre certeza que a Bíblia diz o que o leitor entendeu". Em outras palavras, o leitor vê refletido na Bíblia aquilo que suas crenças e suas experiências o levam a ver, e não necessariamente o que é inerentemente parte do versículo da Bíblia ou o que o versículo da Bíblia está dizendo literalmente.

Na verdade, todo mundo é livre para pegar qualquer versículo da Bíblia, ou mesmo um parágrafo inteiro e interpretar o texto de qualquer maneira que queira interpretar. Uma vez que a única coisa que podemos dizer sobre a interpretação que alguém faça é que concordamos ou não com essa interpretação, então, em alguma medida, todas as interpretações são iguais, e igualmente válidas ou igualmente inválidas, dependendo da perspectiva religiosa. Quando se trata de interpretação de um único versículo das Escrituras, não pode haver de forma objetiva nenhuma forma verdadeira de entende-la, pois todas as interpretações são subjetivas. É isso o que faz delas interpretações.

O judaísmo e o cristianismo, ambos, defendem crenças que são mutuamente excludentes umas das outras. Por exemplo, não se pode acreditar, como os cristãos acreditam que Jesus morreu por seus pecados, e, ao mesmo tempo, ter a crença, como os judeus têm, de que ninguém pode morrer pelos pecados de outros. Como, então, é possível determina qual das duas crenças é verdadeira? A única maneira é compararas crenças de cada fé àquilo que a Bíblia afirma, literalmente e sem interpretação, como fizemos no Capítulo VI deste livro. Ajudaria mais ainda se pudéssemos ver um padrão da mesma crença, uma consistência da crença, seja em todo o restante da Bíblia ou em pelo menos um ou dois pontos dentro da Bíblia.

Há interpretações cristãs bem razoáveis das Escrituras, mas, a partir de uma perspectiva judaica, essas interpretações devem ser simplesmente rejeitadas como erradas, porque vão contra o significado, contra o significado literal e também contra a forma com que os judeus interpretaram o texto bíblico por milhares de anos.

Em resposta à crença cristã segundo a qual Jesus morreu por seus pecados, os judeus vão apontar não menos de três lugares na Bíblia que contradizem esta ideia, como discutimos no Capítulo 6 deste livro. Em Êxodo 32:30-35, em Deuteronômio 24:16 e em Ezequiel 18:20, está claro que somente o pecador é castigado, cada um morre por seu pecado, e a maldade dos maus repousa sobre os maus. Não sobre alguém que seja justo. Esses versículos são claros, são consistentes em toda a Bíblia, e não precisam de interpretação para serem interpretados. Aqueles que acreditam na Bíblia têm que rejeitar o entendimento cristão de que Jesus morreu pelos pecados de todos.

Quando comparamos a maneira em que o cristianismo interpretou alguns versículos na Bíblia a outros versículos na Bíblia, podemos testar se a interpretação que os cristãos deram é verdadeiramente o que a Bíblia está dizendo ou não, ou se é simplesmente a interpretação que eles dão a um versículo baseados em crenças já existentes para o leitor cristão. Além disso, quando os judeus vem a entender o argumento judaico a respeito da interpretação apropriada de um versículo Bíblico, a interpretação cristã perde a validade e a razoabilidade.

2. É isso que faz de você um cristão, e, de mim, um judeu

Em grande medida, aquilo que uma pessoa vê em um versículo particular da Bíblia nos diz mais sobre essa pessoa, do que sobre esse versículo bíblico. A maneira com que alguém escolhe interpretar um versículo da Bíblia é o que faz esse alguém judeu ou cristão, da mesma forma em que o fato de você ser judeu ou cristão vai determinar como você vai interpretar a Bíblia. Para o cristão, não se trata apenas de ler um versículo da Bíblia de uma forma cristã, trata-se também de que a fé cristã leva a interpretar a Bíblia de uma maneira cristã que os faz cristãos, o mesmo pode ser dito dos judeus, que é o judaísmo do judeu que leva o judeu a interpretar a bíblia de uma maneira judaica.

Frequentemente, quando se trata de interpretações bíblicas, haverá um impasse um beco sem saída. Os judeus não entenderão ou não aceitarão a interpretação da Bíblia feita a partir de um ponto de vista cristão, nem o cristão vaio entender ou aceitar a interpretação da Bíblia a partir de uma perspectiva judaica.

Mais do que tudo, se um judeu fosse aceitar a interpretação cristã de um versículo da Bíblia que vai contra crenças judaicas, seria um passo à frente na conversão desse judeu ao cristianismo. Se um cristão aceitasse a interpretação judaica de um versículo bíblico que vai contra a fé cristã, seria um passo à frente na conversão desse cristão em um judeu. De fato, essa é a maneira que os cristãos têm usado para converter judeus em cristãos ao longo dos dois últimos milênios. Apresentam a seus alvos a sua visão das Escrituras Hebraicas que se conforma à interpretação cristã e os judeus, por qualquer razão, escolhem aceitar a interpretação cristã.

Quando um judeu e um cristão discutem sobre o significado de um versículo específico, e chegam a um impasse, é bom simplesmente aceitar que a maneira com que alguém escolhe entender ou interpretar um versículo bíblico é o que faz esse alguém ser quem é, assim como quem ele é determina como ele escolhe interpretar um versículo da Bíblia.

3. O véu sobre a mente dos judeus versus a visão do mundo pelas lentes coloridas do cristianismo

Os cristãos acham que os judeus são cegos por causa de um véu que cobre nossas mentes, evitando que vejamos a relação entre os versículos das Escrituras Hebraicas e Jesus. Paulo escreve no Novo Testamento cristão:

> 2 Coríntios 3:13-16 *13 E não somos como Moisés, que punha véu sobre a face, para que os filhos de Israel não atentassem na terminação do que se desvanecia. 14 Mas os sentidos deles se embotaram. Pois até ao dia de hoje, quando fazem a leitura da antiga aliança, o mesmo véu permanece, não lhes sendo revelado que, em Cristo, é removido. 15 Mas até hoje, quando é lido Moisés, o véu está posto sobre o coração deles. 16 Quando, porém, algum deles se converte ao Eterno, o véu lhe é retirado.*

Em outras palavras, os judeus têm um véu cobrindo a mente que os mantém cegos à suposta verdade do cristianismo encontrada nas próprias Escrituras Hebraicas dos judeus, que só são removidos quando eles se tornam cristãos.

Entretanto, essa declaração admite que a interpretação cristã é só isso, uma interpretação, e não é inerentemente um entendimento literal do texto bíblico. Se o véu só se dissipa com Cristo, se temos que nos tornar cristãos para ver a relação de um versículo com Jesus, então a profecia de Jesus ou a relação do versículo com Jesus não é um significado literal inerente, óbvio encontrado no texto. De outra maneira, não seria preciso ser um cristão para enxergar isso, estaria óbvio para qualquer leitor. Ao dizer que o véu só é "removido em Cristo", ou que só quando "se converte ao Eterno", o "véu é retirado", os cristãos estão admitindo que seu entendimento da Bíblia só pode ser visto se for visto pelas lentes do cristianismo.

Mais do que um véu cobrindo as mentes de judeus que nos deixe cegos à "verdade" do cristianismo, os cristãos estão lendo as Escrituras Hebraicas através de óculos coloridos cristãos, ou então o significado seria óbvio e evidente para um judeu, ou para um cristão, ou para um muçulmano ou para um ateu que lesse os textos, mesmo que fosse para rejeitar a mensagem. Isso quer dizer que a interpretação cristã da Bíblia é simplesmente, e apenas, isso: uma interpretação, e não o reflete que o versículo afirma e o que se lê em outros pontos da Bíblia.

4. Propriedade do texto

Todos os textos sagrados têm versículos que são muito suscetíveis à interpretação. Cada crença tem o direito, porque o texto é deles, de explicar e interpretar seus textos para alguém de fora do grupo, que pudesse achar esses textos questionáveis. O "forasteiro" pode escolher rejeitar a interpretação dessa crença, mas cada fé tem o direito de entender suas próprias Escrituras à sua maneira.

Por exemplo, no Novo Testamento cristão, lemos no evangelho de Lucas que Jesus disse:

> Luke 14:26 *Se alguém vem a mim e não aborrece a seu pai, e mãe, e mulher, e filhos, e irmãos, e irmãs e ainda a sua própria vida, não pode ser meu discípulo.*

O versículo em Lucas afirma clara e literalmente que, para ser um discípulo de Jesus, é preciso odiar sua família. Também se encontra em Mateus uma afirmação feita por Jesus que indica que o propósito de sua vinda era separar as famílias, apresentado por um versículo que afirma que o propósito da vinda de Jesus não era trazer a paz, mas, sim, a espada:

> Mateus 10:34-37 *Não penseis que vim trazer paz à terra; não vim trazer paz, mas espada. 35 Pois vim causar divisão entre o homem e seu pai; entre a filha e sua mãe e entre a nora e sua sogra. 36 Assim, os inimigos do homem serão os da sua própria casa. 37 Quem ama seu pai ou sua mãe mais do que a mim não é digno de mim; quem ama seu filho ou sua filha mais do que a mim não é digno de mim;*

Esses versículos não estão em sintonia com que o judaísmo espera de um Messias. Os cristãos, é claro, têm o direito de explicar os versículos de seu Testamento por meio de suas próprias interpretações, e os judeus têm o direito de rejeitar a interpretação cristã. No entanto, se os cristãos têm o direito de explicar os versículos de seu Testamento, também os judeus têm o direito de explicar os versículos de seus Testamento, e os cristãos têm o direito de rejeitar o entendimento judaico do texto bíblico.

Deve ser dito, porém, que, obviamente, o judaísmo veio antes do cristianismo, e, portanto, o peso maior é dos cristãos de comprovarem que a interpretação cristã das Escrituras Judaicas é verdadeira e deve substituir a interpretação judaica. Isso nos leva ao próximo capítulo, em que examinaremos as técnicas utilizadas pelos cristãos para interpretar Bíblia.

CAPÍTULO 13

TÉCNICAS DE INTERPRETAÇÃO CRISTÃ

Os cristãos utilizam cinco técnicas de interpretação e encontramos exemplos de cada uma delas em seu próprio Novo Testamento. Elas são as seguintes:

A. Erros de Tradução

Os cristãos podem basear a interpretação em um erro de tradução, ou traduzir um versículo erradamente para fazer com que ele se encaixe em uma crença já existente. No entanto, a tradução precisa e verdadeira do original em Hebraico indica que o versículo não pode ser entendido apropriadamente do jeito que os cristãos o interpretaram.

B. Tirar de Contexto

Os cristãos podem tirar um versículo do contexto em que ele se encontra nas Escrituras Hebraicas para fazer parecer que Jesus cumpriu aquele versículo. Entretanto, quando lemos esse versículo dentro do contexto em que foi escrito originalmente., ele não pode ser entendido da maneira que os cristãos interpretaram..

C. Invenções

Os cristãos podem inventar um versículo que na verdade não existe nas Escrituras Hebraicas, e aí inventar uma história sobre Jesus que cumpra esse versículo não existente. Os cristãos também inventam uma história sobre Jesus para mostrar que Jesus cumpriu uma profecia encontrada nas Escrituras Hebraicas.

D. Tipologias

Os cristãos podem interpretar uma história de um personagem nas Escrituras Hebraicas para ele se tornar um tipo, ou modelo, de Jesus, fazendo o que se encontra nas Escrituras Hebraicas uma profecia em si e de si mesma. Essa forma de interpretação é diferente das outras porque utiliza, como base, o personagem de uma história, ou a história em si, mais do que um versículo ou vários versículos.

E. Textos de prova

Os Cristãos podem pegar um único versículo ou alguns versículos das Escrituras Hebraicas a argumentar que o versículo ou versículos são uma profecia em si e de si mesmos da vinda do messias que eles creem que Jesus cumpriu. O versículo ou os versículos das Escrituras Hebraicas a que eles dão esse tratamento são chamados de textos de prova, porque os versículos ou textos são utilizados para provar que Jesus era o Messias. De fato, o versículo ou os versículos se tornam um texto de prova quando utilizam as técnicas relacionadas acima, de Erros de Tradução, de Tirar do Contexto, de Invenções. Essa técnica terá seu próprio capítulo e vamos olhar os 10 versículos mais utilizados dessa forma na catequese de judeus e a resposta dos judeus.

JUDAÍSMO E CRISTIANISMO: UM CONTRASTE

A. Erros de Tradução

O fato de eventos na vida de Jesus serem baseados em erros de tradução, ou de um versículo no texto bíblico ser traduzido erradamente para refletir uma crença já existente pode ser viso na seguinte citação de Mateus. Nela, Mateus descreve como o milagroso nascimento de Jesus de uma virgem cumpre uma profecia bíblica

The fact that events in Jesus' life are based on mistranslations, or a verse in the Biblical text is mistranslated to reflect an already existing belief, can be seen from the following quotation from Matthew. In it, Matthew describes how the miraculous birth of Jesus from a virgin fulfils a Biblical prophecy:

> Mateus 1:18-25 *Ora, o nascimento de Jesus Cristo foi assim: estando Maria, sua mãe, desposada com José, sem que tivessem antes coabitado, achou-se grávida pelo Espírito Santo. 19 Mas José, seu esposo, sendo justo e não a querendo infamar, resolveu deixá-la secretamente. 20 Enquanto ponderava nestas coisas, eis que lhe apareceu, em sonho, um anjo do Eterno, dizendo: José, filho de Davi, não temas receber Maria, tua mulher, porque o que nela foi gerado é do Espírito Santo. 21 Ela dará à luz um filho e lhe porás o nome de Jesus, porque ele salvará o seu povo dos pecados deles. 22 Ora, tudo isto aconteceu para que se cumprisse o que fora dito pelo Eterno por intermédio do profeta: 23 Eis que a virgem conceberá e dará à luz um filho, e ele será chamado pelo nome de Emanuel (que quer dizer: Deus conosco). 24 Despertado José do sono, fez como lhe ordenara o anjo do Eterno e recebeu sua mulher. 25 Contudo, não a conheceu, enquanto ela não deu à luz um filho, a quem pôs o nome de Jesus.*

Esta citação de Mateus se baseia em uma história encontrada em Isaías 7:1-167 que você pode ler abaixo. A história em Isaías é sobre Acaz, rei em Jerusalém mais de 700 anos antes do tempo de Jesus. Acaz tinha terror de dois reis inimigos que estavam para marchar sobre Jerusalém. Isaías é enviado a Acaz para acalmar seus nervos e dar a Acaz um sinal que provaria que Deus estava do seu lado. Quando lhe foi dito que pedisse um sinal, com medo, Acaz se recusa a testar Deus pedindo um sinal específico, Isaías então diz qual sinal Deus daria a Acaz. Esse sinal é que uma mulher que já estava grávida daria à luz um menino. Lembre-se, um sinal não é um milagre. Um sinal é algo real, que aponta para outra coisa, como um sinal de PARE é de metal verdadeiro e tinta verdadeira e aponta o local na estrada em que se deve parar. A criança é o sinal, e sua concepção não se referia a nada especial ou milagroso. Isaías chama a criança de sinal, não de milagre. Como um sinal, cada vez que Acaz visse a criança, sentiria o conforto de saber que Deus estava dos eu lado, e que ele não tinha com que se preocupar com esses reis inimigos. Isso é o que fez da criança um sinal para Acaz. É por isso também que seu nome devia ser "EmanuEl", que quer dizer "Deus conosco". Toda vez que Acaz tivesse que chamar a criança pelo nome, estaria lembrando a si mesmo que "Deus está conosco", e não com os inimigos de Acaz.

Isaías diz a Acaz que quando a criança tivesse idade para saber a diferença entre o bem e o mal, os dois reis inimigos estariam mortos. Quantos anos terá uma criança para saber a diferença entre o bem e o mal? Alguns diriam 2 ou 3 anos. Outros diriam que com 12 ou 13, a idade do Bar ou do Bat Mitzvah. Isso significa que o sinal dizia respeito ao próprio tempo de Acaz com diz o primeiro versículo abaixo, e não a 700 anos no futuro de Acaz:

> Isaías 7:1-16 *Sucedeu nos dias de Acaz, filho de Jotão, filho de Uzias, rei de Judá, que Rezim, rei da Síria, e Peca, filho de Remalias, rei de Israel, subiram a Jerusalém, para pelejarem contra ela, porém não prevaleceram contra ela. 2 Deu-se aviso à casa de*

Davi: A Síria está aliada com Efraim. Então, ficou agitado o coração de Acaz e o coração do seu povo, como se agitam as árvores do bosque com o vento. 3 Disse o Eterno a Isaías: Agora, sai tu com teu filho, que se chama Um-Resto-Volverá, ao encontro de Acaz, que está na outra extremidade do aqueduto do açude superior, junto ao caminho do campo do lavadeiro, 4 e dize-lhe: Acautela-te e aquieta-te; não temas, nem se desanime o teu coração por causa destes dois tocos de tições fumegantes; por causa do ardor da ira de Rezim, e da Síria, e do filho de Remalias. 5 Porquanto a Síria resolveu fazer-te mal, bem como Efraim e o filho de Remalias, dizendo: 6 Subamos contra Judá, e amedrontemo-lo, e o conquistemos para nós, e façamos reinar no meio dele o filho de Tabeal. 7 Assim diz o Eterno Deus: Isto não subsistirá, nem tampouco acontecerá. 8 Mas a capital da Síria será Damasco, e o cabeça de Damasco, Rezim, e dentro de sessenta e cinco anos Efraim será destruído e deixará de ser povo. 9 Entretanto, a capital de Efraim será Samaria, e o cabeça de Samaria, o filho de Remalias; se o não crerdes, certamente, não permanecereis. 10 E continuou o Eterno a falar com Acaz, dizendo: 11 Pede ao Eterno, teu Deus, um sinal, quer seja embaixo, nas profundezas, ou em cima, nas alturas. 12 Acaz, porém, disse: Não o pedirei, nem tentarei ao Eterno. 13 Então, disse o profeta: Ouvi, agora, ó casa de Davi: acaso, não vos basta fatigardes os homens, mas ainda fatigais também ao meu Deus? 14 Portanto, o Eterno mesmo vos dará um sinal: eis que a virgem conceberá e dará à luz um filho e lhe chamará Emanuel. 15 Ele comerá manteiga e mel quando souber desprezar o mal e escolher o bem. 16 Na verdade, antes que este menino saiba desprezar

o mal e escolher o bem, será desamparada a terra ante
cujos dois reis tu tremes de medo.

A palavra mal traduzida é a palavra para "jovem mulher" (em Hebraico, ha-*almah*). O fato de que ela era chamada de "a virgem" e de se utilizar o artigo definido "a", indica que a virgem era conhecida tanto de Isaías quanto de Acaz e portanto devia viver em seu tempo. O fato de que tudo isso aconteceu na época de Acaz é indicado pelo tempo passado "concebeu" (*Harah*).Pode-se argumentar que uma mulher jovem também pudesse ser uma virgem, mas a questão é que a palavra não se referia à sua condição sexual. Se o autor bíblico quisesse expressar a ideia de que a mulher era um virgem, terria utilizado a palavra em hebraico para virgem, que é "*b'tu-lah*". Mesmo que o texto a tivesse chamado de virgem, não há motivo para acreditar que a virgem tivesse concebido por nenhum outro meio que não um ato sexual É só a leitura do versículo por uma ótica cristã, assumindo um nascimento de uma virgem, que levaria à interpretação do versículo dessa maneira.

O fato de "*almah*" não significar virgem pode ser ilustrado analisando-se a utilização da mesma palavra em Provérbios 30.18-20. Aqui, novamente, apalavra "*almah*" em hebraico.. No entanto, aqui não há dúvida de que a jovem em questão não é virgem.. esses versículos são uma expressão da perplexidade diante de que coisas podem acontecer sem deixar rastro de que tenham ocorrido. Essas coisas incluem o fato de que duas pessoas possam fazer sexo e não deixar vestígios deu que tiveram uma relação sexual. Isso só é verdade se a mulher no caso não for virgem porque a perda de virgindade seria uma indicação de que la fez sexo.

você. também sabemos disso porque a "donzela" é comparada a uma mulher adúltera que comete adultério por meio de uma relação sexual mas não deixa vestígios da transgressão. Isso só podia fazer sentido porque ela, como uma adúltera, não era virgem.

Provérbios 30:18-20 *Há três coisas que são maravilhosas demais para mim, sim, há quatro que não entendo: 19 o caminho da águia no céu, o caminho da cobra na penha, o caminho do navio no meio do mar e o caminho do homem com uma donzela <ALMAH>. 20 Tal é o caminho da mulher adúltera: come, e limpa a boca, e diz: Não cometi maldade..*

Os cristãos podem dizer que há uma dupla profecia relacionada a esses versículos, que uma profecia foi cumprida nos tempos de Isaías e Aca, mas outra profecia baseada no mesmo versículo foi cumprida por Jesus. NO entanto, por que alegar que existe só uma profecia dupla para este ou qualquer outro versículo nas Escrituras? Talvez haja uma Terceira profecia, uma profecia tripla e a terceira profecia tenha sido cumprida por qualquer um dos muitos deuses que foram fruto de um nascimento virginal, resultado de uma mulher que ficou grávida de um deus, sem o ato sexual? Talvez essa fosse uma profecia tripla, e a terceira tenha sido cumprida por Perseu, filho de uma mulher chamada Dânae, que tinha Zeus como pai?. Zeus engravidou Dânae com uma chuva de ouro, não pelo ato sexual, o que faz disso um nascimento virginal. Ou talvez isso pudesse ser uma profecia quádrupla ou mais. Quando você permite uma profecia dupla, não há razão para dizer que esse número pare em dois, a não ser o pensamento esperançoso da teologia cristã.

Então, vemos que toda a história da virgem se baseia em um erro de tradução da palavra "ha'almah". Portanto, lembrem-se que quando um missionário cristão, ou a literatura cristã, faz referência a um versículo das Escrituras Hebraicas, vá ver o versículo no original em Hebraico. A tradução cristã pode ser um erro de tradução.

É possível que os cristãos primitivos quisessem que a história do nascimento do seu Jesus refletisse algum milagre natural, assim como as histórias de nascimento dos deuses pagãos de seu tempo, assim se agarraram ao erro de tradução encontrado na Septuaginta (tradução grega) do versículo de Isaías e tenham construído sua história do nascimento de Jesus sobre este versículo. Não é que um erro de tradução de um versículo da Bíblia tenha levado à fé em Jesus, mas sim que a fé em Jesus, que ele tinha nascido de uma virgem, por exemplo levou à utilização de um versículo mal traduzido para validar a crença já estabelecida.

Os cristãos primitivos podem ter sido judeus, mas tinham sido absorvidos ao helenismo e à cultura daquela época. Uma vez que outros deuses tinham nascimentos milagrosos, como o de Perseu explicado acima, é possível que eles tivessem primeiro a crença do nascimento virginal de Jesus, e, então, encontraram um versículo quem já tinha sido mal traduzido para utilizar para indicar que Jesus estava cumprindo esse versículo. Os cristãos primitivos que eram judeus utilizavam a tradução da Septuaginta das Escrituras Hebraicas para o Grego, muito mais do que o original em Hebraico. Essa é outra indicação do quão absorvidos esses judeus cristianizados primitivos tinham sido absorvidos pela cultura grega pagã.

A palavra Septuaginta devia se referir apenas à tradução da Torá para o grego, os cinco livros de Moisés, e não de todas as Escrituras Hebraicas. A palavra Septuaginta vem da palavra em grego para "setenta", uma referência à história de setenta acadêmicos de Hebraico que traduziram a Torá para o grego em salas separadas uns dos outros, mas que renderam exatamente a mesma tradução. Mais tarde, tradutores gregos pegaram os demais livros das Escrituras Hebraicas, mas não sabemos quem eles eram, e suas traduções não são tão fiéis ao Hebraico original. Isaías foi traduzido por um desses tradutores. Ao final, todos os livros da Bíblia Judaica foram traduzidos para o Grego e reunidas juntas. Infelizmente, essas traduções são incorretamente chamadas de "Septuaginta", mas, na verdade, Septuaginta devia se referir somente à tradução da Torá e não à tradução do restante dos livros da Bíblia Judaica.

Se esses cristãos primeiro acreditaram que seu jesus nasceu de uma virgem como tantos outros deuses pagãos e então encontraram uma passagem na Septuaginta com erro de tradução para justificar sua crença, ou se basearam sua história no erro de tradução da palavra "ha-almah", não se pode saber. O que se sabe é que a base de sua interpretação permanece sendo uma palavra do Hebraico traduzida de forma errada.

B. Tirar de Contexto

O fato de histórias na vida de Jesus serem baseadas em versículos tirados de contexto pode ser melhor visto mais facilmente no exame da seguinte história, retirada de Mateus 2:13-15. Mateus conta a história de José e Maria levarem Jesus para o Egito, para escapar de Herodes que queria matar Jesus. Quando Herodes morreu, José e Maria retornaram à Terra Prometida. De acordo com a história em Mateus, levar Jesus para o Egito era o suposto cumprimento de um versículo encontrado em um dos Profetas:

> Mateus 2:13-15 *Tendo eles partido, eis que apareceu um anjo do Eterno a José, em sonho, e disse: Dispõe-te, toma o menino e sua mãe, foge para o Egito e permanece lá até que eu te avise; porque Herodes há de procurar o menino para o matar. 14 Dispondo-se ele, tomou de noite o menino e sua mãe e partiu para o Egito; 15 e lá ficou até à morte de Herodes, para que se cumprisse o que fora dito pelo Eterno, por intermédio do profeta: Do Egito chamei o meu Filho.*

O versículo que Mateus alega ter sido cumprido por Jesus quando saiu do Egito se encontra em Oseias. Mas será que Deus, no livro de Oseias, estava se referindo ao Messias, ao supostamente filho humano de Deus, ou a alguém mais? Vamos olhar toda a citação em Oseias 11.1:

> *Quando Israel era menino, eu o amei; e do Egito chamei o meu filho.*

Assim, vemos que Oseias estava se referindo a Israel, a nação, como filho de Deus, a quem tirou do Egito. Oseias tem que estar se referindo a algo específico para chama r Israel de filho de Deus. Oseias se referia ao tempo em que Israel era menino. Isso tinha que ser no Êxodo do Egito, o evento da história dos judeus que deu início à história de Israel como nação e não apenas como descendentes dos Patriarcas. Oseias está se referindo a Êxodo 4:23. Nesta passagem, Deus está dizendo a Moisés o que dizer ao Faraó, e o próprio Deus se refere a Israel como seu filho:

> *Disse o Eterno a Moisés: Quando voltares ao Egito, vê que faças diante de Faraó todos os milagres que te hei posto na mão; mas eu lhe endurecerei o coração, para que não deixe ir o povo. 22 Dirás a Faraó: Assim diz o Eterno: Israel é meu filho, meu primogênito. 23 Digo-te, pois: deixa ir meu filho, para que me sirva; mas, se recusares deixá-lo ir, eis que eu matarei teu filho, teu primogênito.*

Assim, vemos que Mateus ignorou o fato de que Oseias estava se referindo explicitamente a Israel quando era uma nação jovem. Mateus citou apenas a segunda metade do versículo de Oseias e baseou sua história de Jesus nessa metade do versículo.

Isso seria comparável a afirmar que o Rei Davi era ateu porque declarou na Bíblia: "Não há Deus". De fato, a frase está no livro de Salmos, escrita pelo Rei Davi. Entretanto, lendo a frase em todo o seu contexto, pode-se ler:

> Salmos 14:1 *Salmo de Davi. Diz o insensato no seu coração: Não há Deus.*

O Rei Davi não era ateu, e a leitura do versículo todo permite que ele estava chamando os ateus de tolos.

JUDAÍSMO E CRISTIANISMO: UM CONTRASTE

É importante notar que esta história de Jesus fugir e voltar do Egito só aparece em Mateus. Embora Mateus tire a frase "e do Egito chamei o meu filho" do seu contexto original, Mateus faz com que pareça que a história da fuga de Jesus para o Egito cumpra uma profecia bíblica. Contudo, como observamos acima, Lucas não diz nada sobre Jesus ir para o Egito. Isso significaria que, se Mateus estivesse certo, e fugir para o Egito e voltar fosse algum tipo de profecia, segundo Lucas, Jesus nunca a cumpriu.

Portanto, lembrem-se que quando um missionário cristão, ou quando a literatura cristã fizer uma referência a um versículo das Escrituras Hebraicas, olhe todo o contexto no qual ele se encontra. Em seu contexto integral, pode não dizer, absolutamente, aquilo que os cristãos falam que está dizendo.

C. Invenções

Invenções de Versículos

O fato de que os cristãos inventaram, um versículo que não existe em nenhuma lugar nas Escrituras Hebraicas pode ser demonstrado em Mateus 2:23. Neste versículo, o autor de Mateus faz parecer que a sentença "Ele será chamado Nazareno" é um versículo de uk profeta nas Escrituras Hebraicas. Na verdade, há traduções do novo Testamento deles que colocam a frase inteira "Ele será chamado Nazareno" entre aspas, para indicar que é, de fato, um versículo citado das Escrituras Hebraicas. A palavra "nazareno" não é utilizada em nenhum lugar em nenhum lugar na Escrituras Hebraicas, tampouco há menção a nenhuma cidade ou lugar chamado "Nazaré".

Mateus 2:23 *E foi habitar numa cidade chamada Nazaré, para que se cumprisse o que fora dito por intermédio dos profetas: Ele será chamado Nazareno..*

Os cristãos responderão dizendo que o Novo Testamento se refere a Jesus como um galho, que, em Hebraico, é "netzer", ou dirão também que se refere a Jesus como se ele fosse um nazir que fez um voto de nazarita. Não é essa a questão. A questão é que Mateus faz parecer como se Jesus cumprisse um versículo explícito encontrado em um profeta bíblico. Onde está esse versículo? Ele não existe

Invenções de histórias para encaixar versículos

O fato de terem inventado histórias para fazer parecer que Jesus cumpriu uma profecia a respeito do Messias encontrada nas Escritura Hebraicas pode ser melhor demonstrado comparando-se histórias de um evangelho com a mesma história contada em outro evangelho.

Nosso primeiro exemplo será comparando duas versões das histórias de nascimento de Jesus, encontradas em Mateus e em Lucas. Nosso segundo exemplo vorá das histórias da primeira entrada de Jesus em Jerusalém em Mateus e em Marcos.

Há duas histórias do nascimento no Novo testamento, uma em Mateus e outra em Lucas, mas elas não contam exatamente a mesma história. Ninguém pode escrever uma única narrativa que leva em conta todos os elementos dessas duas histórias do nascimento de Jesus, porque as histórias frequentemente são discordantes entre si.

Na versão de Mateus, Jesus nasce em uma época do ano, com Herodes procurando Jesus para mata-lo, levando José e Maria a fugirem para o Egito com Jesus. No entnto, o clima que Lucas pinta é que essa época era uma época de paz, com pastores cuidando de seus rebanhos nas montanhas da Judeia, sem nada escrito a respeito da busca de Herodes. Em Mateus, Jesus nasce em casa, uma vez que José e Maria eram de Belém, enquanto, em Lucas, José e Maria tiveram que fazer uma viagem de Belém a Nazaré, e Maria teve que dar à luz Jesus em uma manjedoura porque não havia quartos na hospedagem. Mateus fala de uma estrela enquanto Lucas não fala nada sobre ela (e essa estrela foi vista no leste, enquanto os reis magos estavam a leste de Belém!). Mateus fala de reis magos buscando Jesus,

JUDAÍSMO E CRISTIANISMO: UM CONTRASTE

enquanto Lucas fala de pastores que vieram visitar Jesus. Lucas não precisava que eles fossem magos, nos caminhos da astrologia, já que ele não falou nada de nenhuma estrela?

Se essas histórias tivessem sido simplesmente inventadas (muito provavelmente para mostrar que Jesus também teve um nascimento milagroso como os deuses pagãos da época), elas concordariam em muito mais detalhes, principalmente se esses textos fossem "a verdade da Boa Nova".

Portanto, lembrem-se que quando um missionário cristão, ou a literatura missionária, tenta te contar que uma história sobre Jesus está refletida em uma história das Escrituras Hebraicas. Vejam se existe outra versão dessa história em outro lugar no Novo Testamento. Se as duas versões não são exatamente as mesmas, as histórias podem ter sido inventadas para fazer parecer que Jesus cumpriu aqueles versículos.

Além disso, lembre-se que, desde a época de Jesus, houve 14 pessoas que alegaram ser o Messias judaico.. Nenhum deles se sentiu obrigado a alegar que nasceram de uma virgem.

Furthermore, remember that since the time of Jesus there have been 14 people who claimed to have been the Jewish Messiah. Not one of them felt obligated to claim to have been born of a virgin (or, for that matter, to have been born in Bethlehem!) because Jews have never believed that the Messiah will be born of a virgin. Being born of a virgin would preclude that child from ever being the messiah, as we discussed in Chapter 9.

As a second example of stories that were made up regarding Jesus to show that he fulfilled Biblical verses, let us look at two versions of the story of the first entrance of Jesus into Jerusalem. Matthew describes Jesus riding upon two animals while Mark describes Jesus riding upon one animal:

> Mateus 21:1-7 *Quando se aproximaram de Jerusalém e chegaram a Betfagé, ao monte das Oliveiras, enviou Jesus dois discípulos, dizendo-lhes:*

2 Ide à aldeia que aí está diante de vós e logo achareis **presa uma jumenta e, com ela, um jumentinho***. Desprendei-**a** e trazei-**mos***. 3 E, se alguém vos disser alguma coisa, respondei-lhe que o Eterno precisa* **deles***. E logo* **os** *enviará. 4 Ora, isto aconteceu para se cumprir o que foi dito por intermédio do profeta: 5 Dizei à filha de Sião: Eis aí te vem o teu Rei, humilde, montado em jumento, num jumentinho, cria de animal de carga. 6 Indo os discípulos e tendo feito como Jesus lhes ordenara, 7 trouxeram a jumenta e o jumentinho. Então, puseram em cima deles as suas vestes, e sobre elas Jesus montou.*

Marcos 11:1-7 *Quando se aproximavam de Jerusalém, de Betfagé e Betânia, junto ao monte das Oliveiras, enviou Jesus dois dos seus discípulos 2 e disse-lhes: Ide à aldeia que aí está diante de vós e, logo ao entrar, achareis* **preso um jumentinho***, o qual ainda ninguém montou; desprendei-**o** e trazei-**o***. 3 Se alguém vos perguntar: Por que fazeis isso? Respondei: O Eterno precisa* **dele** *e logo* **o** *mandará de volta para aqui. 4 Então, foram e acharam* **o jumentinho preso***, junto ao portão, do lado de fora, na rua, e* **o** *desprenderam. 5 Alguns dos que ali estavam reclamaram: Que fazeis, soltando o jumentinho? 6 Eles, porém, responderam conforme as instruções de Jesus; então, os deixaram ir. 7 Levaram* **o jumentinho***, sobre* **o qual** *puseram as suas vestes, e Jesus* **o** *montou.*

Por que é que as duas histórias, descrevendo supostamente relatos oculares do mesmo evento, são diferentes? É claro que alguém pode responder dizendo que testemunhas oculares descrevem o mesmo evento de maneiras diferentes. Mas essas histórias são consideradas "a verdade da Boa Nova" e inspiradas por Deus. Mateus, de novo, faz com que pareça que Jesus cumprindo uma profecia relacionada ao Messias montando dois animais. É, de fato, uma profecia, aí, de acordo com Marcos, Jesus não cumpriu a profecia porque, de acordo com Marcos, Jesus entrou em Jerusalém montado em apenas um animal.

Por que, então, existe uma diferença entre as duas histórias: Para entender isso, é preciso examinar a profecia que fala do Messias, em Zacarias 9:9-10:

> *9 Alegra-te muito, ó filha de Sião; exulta, ó filha de Jerusalém: eis aí te vem o teu Rei, justo e salvador, humilde, montado em jumento, num jumentinho, cria de jumenta. 10 Destruirei os carros de Efraim e os cavalos de Jerusalém, e o arco de guerra será destruído. Ele anunciará paz às nações; o seu domínio se estenderá de mar a mar e desde o Eufrates até às extremidades da terra.*

Quando Zacarias escreveu no versículo 9 acima: "montado em jumento, num jumentinho, cria de jumenta", Mateus entendeu que Zacarias estava falando de dois animais, então escreveu sua história de Jesus montando dois animais. Marcos entendeu Que Zacarias estivesse falando de um animal, então, escreveu sua história com Jesus montando um animal.

Zacarias falava de um animal apenas. Ele estava utilizando a forma antiga na poesia hebraica que envolve um rima pela repetição de ideias, repetindo a mesma ideia com palavras diferentes, e não uma rima fonética. Poesia Bíblica é chamada de Paralelismo. Leia quase todos os salmos e verá isso com clareza. Por exemplo, leia Salmos 19:7:

> *A lei do Eterno é perfeita e restaura a alma; o testemunho do Eterno é fiel e dá sabedoria aos símplices.*

No versículo acima, "a lei do Eterno" é um paralelo a "o testemunho do eterno", "perfeito" é paralelo a "fiel" e "restaurar a alma" é paralelo a "dar sabedoria aos símplices".

A citação de Zacarias também nos diz que o Messias "anunciará a paz às nações", e que o Messias dominará "de mar a mar". Jesus disse em Mateus 10:44 que o seu propósito era trazer a espada, e não a paz e Jesus nunca dominou de mar a mar, a não ser nas mentes de crentes cristãos.

Quando um missionário Cristão, ou a literatura missionária, tentar te contar uma história sobre como Jesus está inserido em uma passagem ou versículo das Escrituras Hebraicas, veja se não há outra versão dessa história em outra parte do Novo Testamento cristão. Se as duas versões não forem exatamente a mesma, cada uma delas pode ter sido construída independentemente uma da outra, para fazer parecer que Jesus cumpriu alguma coisa das Escrituras Hebraicas.

D. Tipologias

O que é uma tipologia? Uma tipologia é quando uma história ou narrativa ou mesmo um personagem nas Escrituras Hebraicas é visto como um tipo ou um modelo, como em uma profecia ou presságio ou prenúncio da história ou narrativa ou personagem de Jesus.

Um exemplo perfeito disso pode ser visto em Mateus, quando Jesus compara o que vai acontecer a ele com a história de Jonas:

> Mateus 12:38-40 *Então, alguns escribas e fariseus replicaram: Mestre, queremos ver de tua parte algum sinal. 39 Ele, porém, respondeu: Uma geração má e adúltera pede um sinal; mas nenhum sinal lhe será dado, senão o do profeta Jonas. 40 Porque assim como esteve Jonas três dias e três noites no ventre do grande peixe, assim o Filho do Homem estará três dias e três noites no coração da terra.*

Acima, a narrativa de Jesus utiliza a história de Jonas para fazer parecer que a teologia do cristianismo, a morte e a ressureição de Jesus, estava prevista ou prenunciada naquela história de Jonas. Existem problemas ao se utilizar tipologias. Uma tipologia pode fazer parecer que uma história bíblica é um tipo de profecia de Jesus, mas, olhando mais de perto, as duas histórias nada têm a ver uma com a outra.

A anedota a seguir é um exemplo:

Um dia, Jesus estava no céu e decidiu procurar seu pai terreno. Então, ele foi para a área do Paraíso reservada a carpinteiros. Chegou junto de um carpinteiro e começou uma conversa com ele. Durante a conversa, Jesus perguntou: – Você teve filhos? – Nesse momento, o carpinteiro se animou e disse: – Ah, sim, eu tive um filho e ele era especial! – Então, Jesus se animou e perguntou: – Mesmo: o que fazia ele ser tão especial? – O carpinteiro respondeu: – Bom, ele pensava que era humano, mas não começou assim. Tinha furos nas mãos e nos pés, e morreu e voltou à vida! – Jesus correu para abraçar o homem e exclamou: – Pai! – e o carpinteiro correu até Jesus e gritou: – Pinóquio!

À primeira vista, é verdade que a descrição de Pinóquio, era, de fato, a descrição de Jesus. Pinóquio começou sua vida feito de madeira, e se tornou humano, enquanto Jesus, de acordo com o cristianismo, começou com Deus e se tornou humano. Pinóquio tinha furos nas mãos e nos pés porque era uma marionete, enquanto Jesus tinha furos nas mãos e nos pés por causa da crucificação. Pinóquio morreu, mas a fada azul o trouxe de volta à vida como um menino de verdade, enquanto Jesus, de acordo com as crenças cristãs morreu e voltou à vida quando ressuscitou. No entanto, olhando mais perto, as vidas de Pinóquio e de Jesus não eram nada iguais.

De forma semelhante, se formos examinar de perto as histórias utilizadas como tipologias retiradas das Escrituras Hebraicas e compará-las com a vida de Jesus, veremos que elas também não batem uma com a outra.

Por exemplo, na utilização da história de Jonas, acima, Jesus afirma explicitamente que, como Jonas – que esteve na barriga da baleia por três dias e três noites – Jesus seria sepultado na terra por três dias e três noites. Entretanto, se lembrarmos da história de Jesus retratada no Novo Testamento cristão e na forma em que ele é celebrado ao redor do mundo, Jesus foi crucificado e enterrado em uma sexta feira (chamada Sexta Feira Santa) e ressuscitou em um domingo (Chamado Domingo de Páscoa):

Sexta feira – o primeiro dia
Noite de Sexta-feira – a primeira noite
Sábado– o segundo dia
Noite de Sábado – a segunda noite
Manhã de Domingo – Jesus ressuscitou

Mas, se em algum ponto do dia de Domingo, ele supostamente ressuscitou, onde está a terceira noite? Jesus, de acordo com a história em Mateus, não cumpriu nem sua própria tipologia ou profecia de ficar sepulto por três dias e por três noites da mesma forma que Jonas ficou na baleia por esse período de tempo.

Em João, esse problema fica pior, porque, de acordo com João, Jesus não passou nenhuma parte do dia de domingo na terra, porque o túmulo já estava vazio antes do alvorecer:

João 20:1-2 No *primeiro dia da semana, Maria Madalena foi ao sepulcro de madrugada, sendo ainda escuro, e viu que a pedra estava revolvida. 2 Então, correu e foi ter com Simão Pedro e com o outro discípulo, a quem Jesus amava, e disse-lhes: Tiraram do sepulcro o Eterno, e não sabemos onde o puseram.*

Isso seria dizer que, de acordo com João, Jesus ficou sepultado apenas dois dias e duas noites.

As tipologias, em uma primeira olhada, podem parecer refletir a história de Jesus, mas em um exame mais profundo, com uma olhada mais detalhada da tipologia e da história de Jesus, elas não batem, e a história bíblica não serve como um prenúncio da vida de Jesus.

Capítulo 14

Os dez textos de prova mais frequentemente utilizados

No contexto dessa discussão, um texto de prova é um versículo, ou uma passagem, retirados das Escrituras Hebraicas que os cristãos acreditam ser uma profecia do Messias, e que foram cumpridas por Jesus. Esses textos de prova são utilizados para provar que aquilo em que os cristãos acreditam está refletido nas Escrituras Hebraicas.

Com relação aos versículos nas Escrituras Hebraicas, há quatro tipos de versículos:

1. Versículos que tanto judeus quanto cristãos concordam que nada têm a ver com o Messias. Embora seja verdade que qualquer versículo possa ser interpretado como tendo algo com o Messias, existem versículos que ninguém acredita que tenham esse vínculo.
2. Versículos que tanto judeus quanto cristãos acreditam que têm relação com o Messias, ou com o período ou eventos que envolvem o Messias.
3. Versículos que os cristãos dizem que têm relação com o Messias, mas os judeus dizem que não têm.
4. Versículos que os judeus dizem que têm relação com o Messias, mas os cristãos dizem que não têm.

É interessante reparar que os versículos que judeus e cristãos concordam que são messiânicos, que têm alguma coisa a ver com o Messias ou com sua vinda ainda têm que ser cumpridos, portanto, os cristãos inventaram a ideia da Segunda Vinda, quando Jesus fará todas as coisas que ainda precisam ser feitas quando retornar.

Os versículos que os cristãos utilizam como textos de prova, normalmente se encaixam na terceira categoria acima.

Embora possamos dar uma interpretação cristã a qualquer e a todos os versículos da Bíblia, para nossos objetivo vamos apenas olhar para dez versículos das Escrituras Hebraicas que são utilizados mais comumente pelos cristão para catequizar judeus ao cristianismo, e a resposta dos judeus. Por favor, vejam, na bibliografia, referências a outros livros que dão uma resposta mais completa.

Quando comparamos a interpretação dada pelos cristãos a esses versículos ao significado puro e simples dos versículos em questão, ou a outros versículos nas Escrituras Hebraicas, ou a versículos no próprio Novo Testamento cristão, podemos ver que a interpretação cristã não é válida ou que Jesus não a cumpriu. Leia a introdução deste livro para entender esse ponto completamente. Vamos dar outra interpretação, que, diferentemente da interpretação cristã, se adequa às crenças e valores estabelecidos por outros versículos da Bíblia. Isso mostra que existe uma interpretação alternativa que é mais válido que a interpretação cristã porque se adequa às crenças e valores estabelecidos por outros versículos da Bíblia.

1. Gênesis 1:1

Genesis 1:1 No princípio, criou Deus os céus e a terra.

Quando lemos o primeiríssimo versículo da Bíblia, podemos não ver como esse versículo pode ser utilizado pelo cristianismo para provar uma alegação cristã. No entanto, os cristãos veem nesse versículo uma indicação da Trindade, a crença de que Deus é feito de três (pessoas: o Pai, o filho e o espírito santo. Para entender como os cristãos veem isso neste versículo, temos que ler no original em Hebraico. Transliterado para os fins deste livro, lê-se:

B'raysheet Bara Eloheem Et Hashamayim V'et Ha-aretz.

Os cristãos veem que a palavra utilizada no versículo para "Deus" é a palavra "Eloheem". Eles apontam que a terminação em "eem" indica um plural no idioma Hebraico. E estão certos, normalmente, "eem" no final da palavra indica um plural. Por exemplo, "sefer" é "livro", e "sefareem" é "livros".

Entretanto, nem todas as palavras com "eem" ao final são plurais. Por exemple, a palavra "ma-yeem" é "água", e não "águas". O mesmo é verdade para a palavra "paneem," que quer dizer "face" e não "faces".

Nos exemplos acima, os verbos e adjetivos que seriam usados para os sujeitos "paneem" e para "ma-yeem" teriam que concordar e teriam que estar, ambos, no plural. No entanto, o verbo em Gênesis 1:1 é "bara", e não está no plural, que seria "baru". Isso quer dizer que o Hebraico não reconhece que a palavra para Deus, "Eloheem", esteja no plural.

A resposta mais importante para essa alegação cristã é entender que não há razão para presumir que uma referência plural a Deus queira dizer três. Um plural é simplesmente mais do que um, e pode indicar 2, 3, 5, ou até mesmo 235.000. não há nada que indique que uma referência no plural queira dizer especificamente três. Se fossemos obrigados a ver plurais em relação a Deus como referências à trindade, isso significaria que alguém com uma "paneem", um rosto na verdade seria uma pessoa com três caras?

Como dissemos na introdução desta seção, a maneira em que alguém interpreta um versículo da Bíblia será influenciado pelas experiências e crenças do leitor. Um cristão assume que referências plurais a Deus sempre querem dizer três, porque o cristão começa com a hipótese de que Deus é uma Trindade. Entretanto, o que acontece com um hindu, que tem crença em múltiplos deuses, lê o mesmo versículo? O Hindu certamente pode alegar que o versículo se referia à multiplicidade de deuses hindus, enquanto o cristão vai alegar que o versículo se referia a sua Trindade, e o judeu vai sustentar que se referia a um Deus único e absoluto. É claro, a alegação do judeu será baseada na ideia de o verbo está no singular, e da existência de outras palavras que, como Eloheem, parecem estar no plural, mas não estão. Além disso, a alegação dos judeus se baseará na ideia judaica do monoteísmo absoluto, de que Deus é único e indivisível. No entanto, o cristão e o hindu são livres para rejeitar a alegação dos judeus, que é o que faz deles cristãos ou hindus.

Deve-se observar também que a palavra "Eloheem" também é utilizada na Bíblia para se referir a ídolos pagãos. Nos Dez Mandamentos, lemos:

Êxodo 20:3 Não terás outros deuses <eloheem> diante de mim.

Para ser exato, a palavra "Eloheem" vem de uma raiz que quer dizer "poder". A Bíblia usa a palavra "Eloheem" para se referir a Deus, porque Deus é o poder absoluto, no entanto, quando faz isso, utiliza um verbo no singular, sem reconhecer o sujeito "Eloheem" como plural.

2. Gênesis 1:26

Vemos o mesmo problema resultante de uma referência plural a Deus em outro versículo frequentemente utilizado pelos cristãos para provar que seu conceito de Trindade se encontra nas Escrituras Hebraicas.

Gênesis 1:26 *Também disse Deus: Façamos o homem à nossa imagem, conforme a nossa semelhança; tenha ele domínio sobre os peixes do mar, sobre as aves dos céus, sobre os animais domésticos, sobre toda a terra e sobre todos os répteis que rastejam pela terra..*

Como a passagem acima também se refere a Deus no Plural, "Façamos o homem à nossa imagem…", os cristãos alegam que essa referência plural a Deus indica sua Trindade . entretanto a mesma objeção mencionada acima quanto a Gênesis 1:1 também pode ser aplicada aqui. Apenas porque o verbo está no plural, uma referência a Deus no Plural, não tem que significar necessariamente que existe uma Trindade. Os plurais indicam mais de um, e esse plural também pode ser interpretado como 2, ou 3 ou 3 milhões. Também pode ser interpretado pelos hindus para indicar a multiplicidade de seus deuses, da mesma forma.

Para entender a interpretação Judaica deste versículo, deve-se saber que, nos versículos anteriores, Deus tinha recorrido à própria Terra para ajudar na criação de vida botânica, assim como na criação de outras criaturas viventes:

Genesis 1:11-12 *E disse: Produza a terra relva, ervas que deem semente e árvores frutíferas que deem fruto segundo a sua espécie, cuja semente esteja nele, sobre a terra. E assim se fez. 12 A terra, pois, produziu relva, ervas que davam semente segundo a sua espécie e árvores que davam fruto, cuja semente estava nele, conforme a sua espécie. E viu Deus que isso era bom.*

Gênesis 1:24-25 *Disse também Deus: Produza a terra seres viventes, conforme a sua espécie: animais domésticos, répteis e animais selváticos, segundo a sua espécie. E assim se fez. 25 E fez Deus os animais selváticos, segundo a sua espécie, e os animais domésticos, conforme a sua espécie, e todos os répteis da terra, conforme a sua espécie. E viu Deus que isso era bom.*

O Judaísmo acredita que os seres humanos são feitos de carne e sangue, o material, tanto quanto a alma, o espiritual. A Terra fornece o material enquanto Deus fornece a alma, o espiritual. Além disso, quando uma pessoa morre, o judaísmo acredita que a carne e o sangue do falecido voltam à terra, enquanto a alma volta para Deus. Isso pode ser visto em Eclesiastes 12:7, onde isso está afirmado explicitamente:

e o pó volte à terra, como o era, e o espírito volte a Deus, que o deu.

A partir da perspectiva judaica, Deus estava falando com a Terra quando disse:

"Façamos o homem..." o que está evidenciado no relato bíblico apenas alguns versículos antes quando ele também utilizou a Terra na criação de plantas e animais. Existem outras intepretações judaicas desse versículo do Gênesis, igualmente válidas, e cada uma delas vai manter o absoluto monoteísmo da Bíblia. A interpretação discutida acima é apenas a mais simples e mais facilmente explicável, e é comprovada pelos versículos que precedem o versículo em questão. Consulte a Bibliografia para conhecer outras interpretações judaicas desses versículos igualmente válidas.

3. Gênesis 3:22

E de novo, nos versículos seguintes, os cristãos verão a utilização do plural em relação a Deus e presumir que significa a Trindade.

> Gênesis 3:22-24 *Então, disse o Eterno Deus: Eis que o homem se tornou como um de nós, conhecedor do bem e do mal; assim, que não estenda a mão, e tome também da árvore da vida, e coma, e viva eternamente. 23 O Eterno Deus, por isso, o lançou fora do jardim do Éden, a fim de lavrar a terra de que fora tomado. 24 E, expulso o homem, colocou querubins ao oriente do jardim do Éden e o refulgir de uma espada que se revolvia, para guardar o caminho da árvore da vida.*

Deus podia estar usando o que se chama de "plural majestático" (*pluralis majestatis*). Muitos têm familiaridade com a declaração da Rainha Victoria no começo do século 20:

> Não nos divertimos, referindo-se a si mesma. Novamente, mesmo que essa fosse uma referência plural a Deus, não significa que havia três, podia significar três mil. Se os hindus fossem interpretar esses versículos dizendo que se referia à multiplicidade de deuses hindus, como é que um cristão pode alegar que a interpretação hindu é menos válida do que a sua própria?

Há um significado mais óbvio a ser encontrado na passagem toda e no simples significado dos versículos. Deus está falando com alguém (ou com algumas pessoas) que, como Deus, sabem a diferença entre o bem e o mal e que, como Deus, são imortais.

Apenas alguns versículos antes de Gênesis 3:22, Deus já tinha criado os anjos, exército do céu

Gênesis 2:1 *Assim, pois, foram acabados os céus e a terra e todo o seu exército.*

Pela perspective Judaica, em Gênesis 3:22, Deus estava falando com as hostes celestiais, os anjos. Os anjos, como Deus, são imortais, e, como Deus, sabem a diferença entre o bem e o mal. É isso que os versículos estão dizendo. Adão e Eva comeram o fruto da árvore do conhecimento, no entanto, diferente de Deus e dos anjos, Adão e Eva continuaram mortais. Se eles fossem comer então a árvore da vida, tornar-se-iam imortais, e então Deus os separou da Árvore da Vida retirando-os do Jardim do Éden, e depois mantém eles afastados da árvore da vida colocando querubins com espadas ardentes para guardar a Árvore da Vida. É isso exata e explicitamente o que os versículos afirmam:

22 ... assim, que não estenda a mão, e tome também da árvore da vida, e coma, e viva eternamente. 23 O Eterno Deus, por isso, o lançou fora do jardim do Éden, a fim de lavrar a terra de que fora tomado. 24 E, expulso o homem, colocou querubins ao oriente do jardim do Éden e o refulgir de uma espada que se revolvia, para guardar o caminho da árvore da vida.

Mais uma vez, somente porque usam uma palavra plural em relação a Deus, não quer dizer uma Trindade. Olhando para o versículo em contexto, ou conhecendo o idioma original, podemos ver que o entendimento judaico do versículo continuará a manter o monoteísmo absoluto que se encontra no resto do texto bíblico.

4. Gênesis 49:10

Os cristãos entendem, no próximo versículo, que significa que, com a vinda do Messias, que eles acreditam ter sido Jesus, o reinado não pertencerá mais a Judá, e que o domínio dos judeus sobre sua própria Terra Prometida cessará.

Gênesis 49:10 *O cetro não se arredará de Judá, nem o bastão de entre seus pés, até que venha Siló; e a ele obedecerão os povos.*

O cetro é símbolo do poder real. Quando o texto diz que "o cetro não se arredará de Judá... até que venha Siló...", os cristãos interpretam que isso quer dizer que, com a vinda de Siló, que eles acreditam que quer dizer seu messias Jesus, então o domínio da tribo de Judá terminará. Como os judeus foram exilados da Terra Prometida quase 40 anos depois que Jesus veio, os cristão dirão que essa profecia foi cumprida com a vinda de Jesus.

No entanto, existem algumas coisas erradas com essa interpretação.

Se eu fosse dizer para você que "haverá dinheiro em sua conta bancária até que você seja pago", isso indicaria que depois que você for pago não haverá mais dinheiro na conta?

Ou indicaria, ao contrário que, mesmo depois que você for pago ainda vai haver dinheiro em sua conta? O Messias deve reinar sobre Israel e ele deve ser da Tribo de Judá, o que quer dizer que, até que venha o Messias, e mesmo depois que vier o Messias, o cetro ainda vai pertencer a um membro da tribo de Judá, isto é, ao Messias.

Em Segundo lugar, mesmo se Jesus tivesse sido o Messias, de acordo com o cristianismo, Jesus era – supostamente – da tribo de Judá, então o cetro ainda pertenceria a Judá durante o "reinado" de Jesus, embora Jesus nunca tenha reinado sobre nada, a não ser sobre as mentes dos Cristãos. Para os judeus, o Messias ainda está por vir, e, assim, até que ele venha, o cetro pertence a ele, e quando vier o verdadeiro messias, o cetro ainda será dele.

O maior problema com a interpretação é que, nos anos 586 a.C. os babilônios conquistaram Jerusalém, levaram o Rei Zedequias para o exílio, e destruíram o o Templo. Zedequias foi o último descendente do Rei Davi a se sentar no trono sobre a Terra Prometida. Desde os babilônios, houve uma longa sucessão de dominações estrangeiras sobre a terra de Israel: os persas, depois os gregos, depois os romanos (que vinham dominando as terras de Israel por 64 anos antes do nascimento de Jesus), depois os turcos, e os ingleses. Durante esses períodos de dominação estrangeira sobre a Terra Prometida, pode ter havido, casualmente, um judeu que governasse a terra em nome dos poderes estrangeiros, mas, entretanto, não houve um "rei judeu" que, sozinho, tivesse a soberania sobre a terra. Historicamente, portanto, mesmo que concordássemos com a interpretação cristã desse versículo, o "cetro" tinha "saído" de Judá quase 600 anos antes de Jesus nascer quando terminou o reinado de Zedequias.

5. Levítico 17:11

Este versículo foi discutido extensamente no capítulo VII. Entretanto, para fins de discutir as interpretações comparadas, vamos examiná-lo aqui também.

Os cristãos acreditam que, para haver o perdão dos pecados, há de haver um sacrifício de sangue. Vejam como interpretam Levítico 17:11, que lê:

> *Porque a vida da carne está no sangue. Eu vo-lo tenho dado sobre o altar, para fazer expiação pela vossa alma, porquanto é o sangue que fará expiação em virtude da vida..*

Tirando do contexto, poderíamos entender essa citação da mesma maneira que os cristãos. Contudo, quando lemos toda a passagem de Levítico, veremos que este versículo é parte de uma passagem mais extensa, que simplesmente tenta dizer que não se deve beber o sangue de nenhum sacrifício, como os pagãos daquela época costumavam fazer.

> Levítico 17:10-12 *Qualquer homem da casa de Israel ou dos estrangeiros que peregrinam entre vós que comer algum sangue, contra ele me voltarei e o eliminarei do seu povo. 11 Porque a vida da carne está no sangue. Eu vo-lo tenho dado sobre o altar, para fazer expiação pela vossa alma, porquanto é o sangue que fará expiação em virtude da vida.*
>
> *12 Portanto, tenho dito aos filhos de Israel: nenhuma alma de entre vós comerá sangue, nem o estrangeiro que peregrina entre vós o comerá.*

Frequentemente, quando os cristãos utilizam versículos para tentar converter os judeus, mostrarão apenas um único versículo. Veja sempre todo o contexto em que esse versículo se encontra, porque o contexto pode mostrar que a interpretação cristã é simplesmente um erro de interpretação.

Na época em que Jesus viveu, oitenta por cento de todos os judeus viviam fora da terra de Israel, longe de Jerusalém, longe do templo, sem condições de fazer qualquer sacrifício animal. Não tinham medo que seus pecados não fossem perdoados por Deus. O motivo para isso era simplesmente que os judeus nunca sentiram que os sacrifícios de animais eram os únicos meios de se obter o perdão.

Os cristãos alegam que há que se ter um sacrifício de sangue para o perdão dos pecados. Entretanto, se olhamos em apenas um lugar nas Escrituras Hebraicas onde Deus perdoa o pecado sem o sacrifício de sangue, então vemos que não hão há a necessidade de um sacrifício de sangue para se obter o perdão. E há muitas, muitas citações em toda a Bíblia que provam este argumento. Como discutimos extensamente no capítulo VII, vamos ver apenas alguns. Está no livro de Levítico, onde todo o sistema de sacrifícios é abordado. E em Levítico, bem no meio da descrição dos sacrifícios, temos uma citação que comprova que os sacrifícios de sangue não são necessários para o perdão dos pecados:]

> Levítico 5:11-13 *Porém, se as suas posses não lhe permitirem trazer duas rolas ou dois pombinhos, então, aquele que pecou trará, por sua oferta, a décima parte de um efa de flor de farinha como oferta pelo pecado; não lhe deitará azeite, nem lhe porá em cima incenso, pois é oferta pelo pecado. 12 Entregá-la-á ao sacerdote, e o sacerdote dela tomará um punhado como porção memorial e a queimará sobre o altar, em cima das ofertas queimadas ao Eterno; é oferta pelo pecado. 13 Assim, o sacerdote, por ele, fará oferta pelo pecado que cometeu em alguma destas coisas, e lhe será perdoado; o restante será do sacerdote, como a oferta de manjares.*

Assim, vemos que se alguém não pudesse oferecer nenhum dos animais, que a oferta de farinha garantiria o mesmo perdão que o sacrifício de animais traria.. a farinha não tem sangue, a farinha não tem vida para ser sacrificada, e, mesmo assim, com o sacrifício da farinha o pecador seria perdoado. Se, de fato, um sacrifício de sangue fosse absolutamente necessário para perdoar um pecado, então o pobre poderia utilizar a farinha, fosse a única maneira possível.

Temos outro exemplo do perdão do pecado sem a necessidade de nenhum sacrifício de sangue. No livro de Jonas, lemos com Deus disse a Jonas para ir os ninivitas para que se arrependessem de seus pecados. Jonas não gostava do povo de Nínive. Ele sabia que eles se arrependeriam se fossem alertados, mas preferiu sua destruição.

Jonas tentou fugir de Deus, mas, ao contrário, ele foi retornado à terra na barriga da baleia. Então, Jonas obedeceu a Deus e foi a Nínive. Lá, ele alertou a todos da intenção de Deus destruir tudo se não houvesse expiação dos pecados. O povo, desde o rei até os mais simples, oraram a Deus por perdão, jejuaram sem comer nem beber e deixaram seus maus caminhos. E o que aconteceu?

> Jonas 3:10 *Viu Deus o que fizeram, como se converteram do seu mau caminho; e Deus se arrependeu do mal que tinha dito lhes faria e não o fez.*

O povo de Nínive não fez nenhum sacrifício. Fizeram o mesmo que os judeus em todo o mundo no Dia da Expiação. Passando o dia em jejum e oração. O povo de Nínive teve seus pecados perdoados sem necessidade de nenhum sacrifício de sangue.

A maioria das pessoas tem consciência da função do bode expiatório descrito em Levítico 16:20-22. Os pecados do povo foram colocados simbolicamente na cabeça do bode que, então, foi banido para o deserto. Embora o ritual descrito na Bíblia não peça que o bode seja morto, embora não tenha havido sacrifício de sangue, os pecados do povo foram perdoados.

De maneira semelhante, a maioria das pessoas sabe que os sacrifícios de sangue só podia ser feitos no templo que foi construído por Salomão. Em 1 Reis 8, Salomão dedica o templo ao Deus único e verdadeiro. Nessa dedicação, Salomão afirma que chegaria um tempo em que os judeus, como fruto de seus pecados, seriam exilados da Terra Prometida. Ele pediu que quando estivessem na terra de seus inimigos, que tudo que tinham que fazer para terem perdoados seus pecados era orar, e orarem direção ao Templo (motivo pelo qual as sinagogas e os templos têm a frente voltada para o leste, quando estão no oeste), arrependerem-se de seus pecados e parar de pecar, do jeito que aprendemos em Jonas.

1 Reis 8:46-50 *46 Quando pecarem contra ti (pois não há homem que não peque), e tu te indignares contra eles, e os entregares às mãos do inimigo, a fim de que os leve cativos à terra inimiga, longe ou perto esteja; 47 e, na terra aonde forem levados cativos, caírem em si, e se converterem, e, na terra do seu cativeiro, te suplicarem, dizendo: Pecamos, e perversamente procedemos, e cometemos iniquidade; 48 e se converterem a ti de todo o seu coração e de toda a sua alma, na terra de seus inimigos que os levarem cativos, e orarem a ti, voltados para a sua terra, que deste a seus pais, para esta cidade que escolheste e para a casa que edifiquei ao teu nome; 49 ouve tu nos céus, lugar da tua habitação, a sua prece e a sua súplica e faze-lhes justiça, 50 perdoa o teu povo, que houver pecado contra ti, todas as suas transgressões que houverem cometido contra ti; e move tu à compaixão os que os levaram cativos para que se compadeçam deles.*

A coisa interessante sobre os versículos acima é que Salomão, que oferecer sua oração na dedicação do próprio local onde se ofereciam sacrifícios de sangue, tinha que ter sabido que não era necessário o sacrifício de sangue para expiação dos pecados. Se soubesse que tinha que era necessário o sacrifício de sangue, não teria feito essa prece. De fato, Deus perdoa nossos pecados e nos concede expiação dos pecados quando nos arrependemos, quando confessamos nossos pecados e quando não cometemos novamente o pecado quando aparecer a oportunidade.

Há muitos outros lugares na Bíblia em que são perdoados os pecados sem a necessidade de sacrifício de sangue de um animal. Podemos ver que, uma vez que a Bíblia nunca afirmou que precisamos de um sacrifício de sangue para o perdão dos pecados, a interpretação cristã de Levítico 17:11 não é bíblica.

6. Isaías 9:6-7

> Isaías 9:6-7 *Porque um menino nos nasceu, um*
> *filho se nos deu; o governo está sobre os seus ombros; e*
> *o seu nome será: Maravilhoso Conselheiro, Deus Forte,*
> *Pai da Eternidade, Príncipe da Paz; 7 para que se*
> *aumente o seu governo, e venha paz sem fim sobre o*
> *trono de Davi e sobre o seu reino, para o estabelecer*
> *e o firmar mediante o juízo e a justiça, desde agora e*
> *para sempre. O zelo do Eterno fará isto.*

Os cristãos veem os versículos acima de Isaías 9 como se estivesse falando de Jesus, que veio ao mundo como uma criança. Contudo, após lermos a citação acima, algumas perguntas vêm à mente.

Quando foi que Jesus teve algum governo?

Quando foi que Jesus foi chamado de Maravilhoso Conselheiro, Deus Forte, Pai da Eternidade, Príncipe da Paz? Jesus não chamado dessa forma em nenhum lugar no Novo Testamento Cristão ou em qualquer momento de sua vida.

Os cristãos também parecem entender errado essa citação. Isso porque eles não entendem Hebraico, nem entendem de nomes, nem entendem nomes Hebraicos.

Em qualquer idioma, todos os nomes têm um significado. O nome Antônio significa "inestimável", e Alexandre significa "protetor". Se fossemos dar a um menino o nome Alexandre Antônio, estaríamos dizendo que esse menino é um protetor inestimável?

Iríamos chamá-lo: "Ei, Protetor Inestimável, como vai?" É claro que não. Usaríamos seu nome, e não o significado dos nomes.

Os nomes em Hebraico às vezes dizem alguma coisa a respeito de Deus. O nome Miguel quer dizer "aquele que é como Deus". O nome Eliú quer dizer "esse é meu Deus" ou Meu Deus é esse". O nome Emanuel significa "Deus está conosco", para citar apenas alguns exemplos. Se alguém tem o nome Eliú, quer dizer que ele é

Deus? Esses nomes dizem algo a respeito de Deus, embora sejam nomes de pessoas comuns. Uma tradução melhor para o versículo seria "e seu nome será chamado de maravilhoso conselheiro é o Deus forte, um pai da eternidade é o príncipe da paz". Isso quer dizer que existem apenas dois nomes em Hebraico no versículo, que são dados a um ser humano e não a uma divindade, embora os nomes componham uma frase sobre Deus . Esses nomes, como Alexandre Antônio no exemplo acima seria "Pele Yoetz El Gibor Avi Ad Sar Shalom". Na forma como se escreve em Hebraico, os nomes seriam hifenados: "Pele-Yoetz-El-Gibor" e "Avi-Ad-Sar-Shalom. Nomes compridos assim não eram incomuns na Bíblia, e especificamente em Isaías. Por exemplo, em Isaías 8:3, encontramos o nome: Maher-shalal-chash-baz", que quer dizer "Rápido-Despojo-Presa-Segura".

A interpretação cristã de Isaías 9:6 é que Jesus era um Maravilhoso Conselheiro, Deus Forte, Pai da Eternidade, Príncipe da Paz. Como esses nomes descritivos se aplicam a Jesus? Parece com a história de Pinóquio que discutimos na introdução das Seção II, em "Tipologias"? Em uma análise mais a fundo, pode se achar imprecisão na descrição da pessoa descrita em Isaías 9:6-7 que, de início, parece a história de Jesus"

"Maravilhoso Conselheiro"

No Novo Testamento Cristão, Encontramos duas histórias sobre Jesus que, certamente, não o descrevem como Maravilhoso Conselheiro:

Mateus 8:21-22 *E outro dos discípulos lhe disse: Eterno, permite-me ir primeiro sepultar meu pai. 22 Replicou-lhe, porém, Jesus: Segue-me, e deixa aos mortos o sepultar os seus próprios mortos.*

Um "Conselheiro Maravilhoso" não diria a um homem que acabou de perder seu pai amado a não ir ao sepultamento de seu pai.

> João 18:22-23 Dizendo *ele isto, um dos guardas que ali estavam deu uma bofetada em Jesus, dizendo: É assim que falas ao sumo sacerdote? 23 Replicou-lhe Jesus: Se falei mal, dá testemunho do mal; mas, se falei bem, por que me feres?*

"Deus Forte"

> Mateus 27:46 Por *volta da hora nona, clamou Jesus em alta voz, dizendo: Eli, Eli, lamá sabactâni? O que quer dizer: Deus meu, Deus meu, por que me desamparaste?*

Se Jesus fosse o "Deus Forte", porque teria que pedir a outro Deus que o salvasse? Como é que Deus pode abandonar a si mesmo? Isso também nega a própria ideia de uma trindade e mostra como Jesus não se encaixa na descrição de Isaías 9:6.

> Mateus 19:16-17 *E eis que alguém, aproximando-se, lhe perguntou: Mestre, que farei eu de bom, para alcançar a vida eterna? 17 Respondeu-lhe Jesus: Por que me perguntas acerca do que é bom? Bom só existe um. Se queres, porém, entrar na vida, guarda os mandamentos.*

Nos versículos acima, Jesus faz distinção entre si mesmo e Deus. Como poderia ser o "Deus Forte", se ele mesmo se diferenciou de Deus? Se Jesus sabia que só Deus era bom, e eu ele não devia ser chamado de bom, então Jesus sabia que Jesus não era Deus.

"Pai da Eternidade"

For a da Trindade, Jesus é o filho, e não o Pai. Ele não pode ser ambos ao mesmo tempo. Na verdade. O próprio Jesus mostrou que não era o Pai e afirmava não ter a mesma vontade ou o mesmo conhecimento de Deus.

Mateus 26:39 Adiantando-*se um pouco, prostrou-se sobre o seu rosto, orando e dizendo: Meu Pai, se possível, passe de mim este cálice! Todavia, não seja como eu quero, e sim como tu queres.*

Jesus chama àquele para quem ora de seu Pai, então Jesus não pode ser o "Pai da Eternidade", se chamou a outro de seu Pai. Jesus não podia ser o Pai se o querer de Jesus não é o mesmo querer do Pai. Jesus e o pai são separados e diferentes, e isso nega a própria ideia da trindade.

Marcos 13:32 *Mas a respeito daquele dia ou da hora ninguém sabe; nem os anjos no céu, nem o Filho, senão o Pai.*

No versículo acima, Jesus afirma que existe algo que ele não sabe, mas que somente o Pai sabe. Jesus, "o filho", não pode ser também o Pai se o seu conhecimento não é o mesmo.

João 20:17 *Recomendou-lhe Jesus: Não me detenhas; porque ainda não subi para meu Pai, mas vai ter com os meus irmãos e dize-lhes: Subo para meu Pai e vosso Pai, para meu Deus e vosso Deus.*

Como é que o Pai pode subir para si mesmo? No versículo acima, Jesus não só se faz distinção entre si próprio e o Pai, mas também faz parecer que a relação que ele tem com Deus é exatamente a mesma relação que todas as pessoas tem com Deus, que é, de fato, o Pai de todos.

"Príncipe da Paz"

O último nome descritivo de Isaías 9:6 que os cristãos dizem que se refere a Jesus é "Príncipe da Paz".. Isso, na verdade, é um erro de tradução. As palavras no original em Hebraico são "sar shalom". A palavra "sar" não quer dizer príncipe, quer dizer 'governante". Agora, pode-se dizer que um Príncipe é um governante. No entanto, a razão pela qual os cristãos escolheram a palavra "príncipe" ao invés da palavra "governante" nas traduções cristãs é que a palavra "príncipe", faz pensar que o versículo original falava de um "filho de um rei". Na mente cristã, isso alude a Jesus, que eles acreditam ser o filho de Deus, o Rei. No entanto, a palavra é "governante", e não "príncipe". Príncipe, em Hebraico, é "naseech" e não "sar" . os tradutores cristãos escolheram intencionalmente a palavra "Príncipe" para levar o leitor a pensar em Jesus.

No Novo Testamento Cristão, também encontramos uma citação que, certamente, não mostra que Jesus foi um "governante", ou mesmo um "príncipe" da paz.

> Mateus 10:34-36 Não *penseis que vim trazer paz à terra; não vim trazer paz, mas espada. 35 Pois vim causar divisão entre o homem e seu pai; entre a filha e sua mãe e entre a nora e sua sogra. 36 Assim, os inimigos do homem serão os da sua própria casa..*

Ninguém que tenha dito algo assim pode ser considerado príncipe ou governante da paz. Ninguém que tenha dito coisa parecida podia ter sido o Messias. Sabemos que o verdadeiro Messias trará paz eterna e, juntamente com o profeta Elias, reunirá as famílias e não as separará (Veja Isaías 2:4, Miqueias 4:1-4 e Malaquias 4:5).

Eu já declarei que os cristãos raramente incluem o versículo quando citam Isaías 9. A razão para isso é que no versículo 7, lê-se "para que se aumente o seu governo, e venha paz sem fim". Talvez não citem o versículo 7 porque Jesus nunca trouxe a paz ao mundo, nem nunca foi sua intenção como mostra a citação acima, de Mateus 10:34-36.

Jesus também foi um homem violento, e não um "Príncipe da Paz", ou mesmo um "governante da paz". Existem outros versículos no Novo Testamento Cristão que indicam isso. Eis abaixo mais dois:

Luke 19:27 *Quanto, porém, a esses meus inimigos, que não quiseram que eu reinasse sobre eles, trazei-os aqui e executai-os na minha presença.*

O versículo acima vem ao final de uma parábola que Jesus contou de um homem que deixa sua terra para ser ungido rei. Quando ele volta à sua terra, diz o que está acima. Todo comentarista cristão alega que Jesus estava se referindo a si mesmo como o homem que deixou sua terra para ser ungido rei, então, em sua própria parábola, Jesus diz o que disse, pedindo que aqueles que não querem vê-lo reinar sejam executados à sua frente

No versículo abaixo, Jesus diz a seus seguidores para comprarem uma espada

Luke 22:35-36 *A seguir, Jesus lhes perguntou: Quando vos mandei sem bolsa, sem alforje e sem sandálias, faltou-vos, porventura, alguma coisa? Nada, disseram eles. 36 Então, lhes disse: Agora, porém, quem tem bolsa, tome-a, como também o alforje; e o que não tem espada, venda a sua capa e compre uma.*

Mostramos em citações do Novo Testamento Cristão que Jesus não era um "Maravilhoso Conselheiro", Jesus não foi um "Deus Forte", Jesus não foi um "Pai da Eternidade", nem foi um "Príncipe da Paz", ou mesmo um "governante da Paz", a despeito de como queiram os Cristãos interpretar os versículos originais de Isaías 9:6-7.

Então, de acordo com a interpretação judaica, de quem se está falando em Isaías 9:6-7? De acordo com o judaísmo, a resposta está nos nomes escolhidos. O nome "Ezequias", que, em hebraico é "Chizkiyah", vem das palavras "chazak" e "Ya". "Chazak" quer dizer "forte", ou "poderoso", e "Ya" é a forma abreviada de "Deus", utilizada como sufixo. Muitos reconhecerão a palavra "Ya" na palavra "halleluyah", que quer dier "louve a Deus". O judaísmo acredita que Isaías 9:6-7 se refere a Ezequias, que reinou por quase 30 anos. O nome Ezequias, Chizkiyah tem o mesmo significado encontrado nos versículos de Isaías 9:6-7, "Deus Forte".

7. Jeremias 31:31-34

Jeremias 31:31-34 fala de uma "nova aliança" e o termo "aliança" quer dizer "testamento". Então, nesses versículos, os cristãos veem uma proecia de seu Novo Testamento. Como Paulo escreve em Hebreus 8:13, referindo-se a Jeremias 31:31:

> *Eis aí vêm dias, diz o Eterno, em que firmarei*
> *nova aliança com a casa de Israel e com a casa de Judá.*

Você já viu um anúncio na televisão em que um fabricante lança uma versão nova e melhorada de um produto pelo qual já são famosos, como um detergente ou produto de lavar roupas? Eles podem dizer que essa é uma versão nova e melhorada do antigo produto de lavanderia, e a consequência é que ninguém mais deve usar o produto antigo. Esse é o significado do termo "Novo Testamento" em relação ao "Antigo Testamento", que o "antigo" foi substituído pelo "novo". O termo "testamento" significa "acordo", ou "contrato", ou "aliança". Quando os cristãos utilizam o termo

180

JUDAÍSMO E CRISTIANISMO: UM CONTRASTE

"Novo Testamento", é uma forma de dizer que a nova aliança que eles pensam existir entre Deus e os cristãos crentes, que substitui ou contrato antigo, ou aliança antiga, o antigo testamento, entre Deus e os judeus.

Por este motive, os judeus que respeitam sua própria fé e suas Escrituras Hebraicas nunca devem referir-se a sua Bíblia como "Antigo Testamento". A razão é que o termo é ofensivo ao judaísmo e aos judeus. Não acreditamos em um Novo Testamento, então, com certeza, não devemos chamar o nosso de "Antigo Testamento".

Como dissemos, o primeiro versículo de Jeremias 31:31 fala de uma "nova aliança".

> *Eis aí vêm dias, diz o Eterno, em que firmarei*
> *nova aliança com a casa de Israel e com a casa de Judá.*

Mas podemos perguntar se essa nova aliança é uma aliança que substitui quaisquer das alianças que Deus fez com os judeus anteriormente.

Quando Deus faz uma nova aliança com os judeus, é apenas para restabelecer e reafirmar alianças feitas anteriormente com os judeus. A aliança que Deus fez com Isaque não substitui ou rompeu a aliança que Deus fez com Abraão, A aliança que Deus fez com Jacó não rompeu ou substituiu a aliança que Deus fez com Abraão e com Isaque. Um exemplo disso pode ser visto em Levítico 26:42, em que é dito aos judeus nos versículos antes do 42 que quando pecarem, serão castigados, mas aí, também está escrito que a aliança de Deus com eles é eterna:

> *...então, me lembrarei da minha aliança com Jacó,*
> *e também da minha aliança com Isaque, e também da*
> *minha aliança com Abraão, e da terra me lembrarei.*

Se as alianças que Deus fez com Isaque e Abraão tivessem sido anuladas pela aliança feita com Jacó, não haveria necessidade de especificar as alianças que Deus fez com Isaque e Abraão nos versículos acima.

A aliança que Deus fez com o povo de Israel por meio de Moisés não rompeu ou substituiu a aliança que Deus fez com Jacó, ou com Isaque, ou com Abraão. Cada aliança subsequente que Deus faz com os judeus reafirma e restabelece a aliança que Deus fez com os judeus anteriormente.

A aliança que Deus fez com os judeus é uma aliança eterna, e é uma aliança feita com eles, com seus descendentes e com todos que se converterem ao judaísmo.. a promessa de Deus para os judeus, que sua aliança com eles, é eterna, é repetida diversas vezes pelas Escrituras Hebraicas. Veja alguns exemplos:

> Gênesis 17:7-8 *Estabelecerei a minha aliança entre mim e ti e a tua descendência no decurso das suas gerações, aliança perpétua, para ser o teu Deus e da tua descendência. 8 Dar-te-ei e à tua descendência a terra das tuas peregrinações, toda a terra de Canaã, em possessão perpétua, e serei o seu Deus.*

Veja também Gênesis 17:12-13, Gênesis 17:19

> Salmos 105:6-10 *vós, descendentes de Abraão, seu servo, vós, filhos de Jacó, seus escolhidos. 7 Ele é o Eterno, nosso Deus; os seus juízos permeiam toda a terra. 8 Lembra-se perpetuamente da sua aliança, da palavra que empenhou para mil gerações; 9 da aliança que fez com Abraão e do juramento que fez a Isaque; 10 o qual confirmou a Jacó por decreto e a Israel por aliança perpétua*

Os versículos acima de Salmos 105 também se encontram em 1 Crônicas 16:13-17.

Mais importante ainda, que a aliança entre Deus e os judeus é eterna, também pode ser encontrado na passagem em questão, logo depois da Jeremias 31:31-34, começando com o versículo seguinte:

35 Assim diz o Eterno, que dá o sol para a luz do dia e as leis fixas à lua e às estrelas para a luz da noite, que agita o mar e faz bramir as suas ondas; Eterno dos Exércitos é o seu nome. Se falharem estas leis fixas diante de mim, diz o Eterno, deixará também a descendência de Israel de ser uma nação diante de mim para sempre.

Então, a aliança entre Deus e os judeus é uma aliança eterna, e quando Deus faz uma nova aliança., é para reafirmar e restabelecer as alianças anteriores que Deus fez como so judeus, como a que vimos acima em Levítico 26:42.

De novo, vamos olhar o primeiro versículo de nossa passagem em Jeremias 31:31-34:

31 Eis aí vêm dias, diz o Eterno, em que firmarei nova aliança com a casa de Israel e com a casa de Judá.

Isso é considerado uma profecia por causa das primeiras palavras do versículo *"Eis aí vêm dias, diz o Eterno"*. No entanto, imediatamente antes desses versículos que começam como o 31, há versículos adicionais que também começam da mesma maneira: *"Eis aí vêm dias, diz o Eterno"*. Quando os cristãos se referem a Jeremias 31:31-34, deixam de fora metade da profecia, porque a profecia completa começa, na verdade, no versículo 27.

Como você vai ler a seguir na profecia completa de Jeremias 31:27-34, a passagem não poderia se referir ao cristianismo de forma alguma. Eis a passagem na íntegra:

27 Eis que vêm dias, diz o Eterno, em que semearei a casa de Israel e a casa de Judá com a semente de homens e de animais. 28 Como velei sobre eles, para arrancar, para derribar, para subverter, para destruir e para afligir, assim velarei sobre eles para edificar e para plantar, diz o Eterno. 29 Naqueles dias, já não dirão: Os pais comeram uvas verdes, e os dentes dos filhos é que se embotaram. 30 Cada um, porém, será morto pela sua iniquidade; de todo homem que comer uvas verdes os dentes se embotarão. 31 Eis aí vêm dias, diz o Eterno, em que firmarei nova aliança com a casa de Israel e com a casa de Judá. 32 Não conforme a aliança que fiz com seus pais, no dia em que os tomei pela mão, para os tirar da terra do Egito; porquanto eles anularam a minha aliança, não obstante eu os haver desposado, diz o Eterno. 33 Porque esta é a aliança que firmarei com a casa de Israel, depois daqueles dias, diz o Eterno: Na mente, lhes imprimirei as minhas leis, também no coração lhas inscreverei; eu serei o seu Deus, e eles serão o meu povo. 34 Não ensinará jamais cada um ao seu próximo, nem cada um ao seu irmão, dizendo: Conhece ao Eterno, porque todos me conhecerão, desde o menor até ao maior deles, diz o Eterno. Pois perdoarei as suas iniquidades e dos seus pecados jamais me lembrarei.

Esses versículos falam, de fato, da era messiânica. Entretanto, não estão falando da vinda de Jesus e do cristianismo.

O versículo 27 fala de um tempo em que a casa de Israel será reunida à casa de Judá, quando aumentarão em número e em recursos.

27 Eis que vêm dias, diz o Eterno, em que semearei a casa de Israel e a casa de Judá com a semente de homens e de animais.

Então, Deus afirma que, assim como velou pelos judeus quando achou certo castigá-los, da mesma forma, vai continuar a velar por eles quando tudo melhorar:

28 Como velei sobre eles, para arrancar, para derribar, para subverter, para destruir e para afligir, assim velarei sobre eles para edificar e para plantar, diz o Eterno.

Os versículos seguinte, na verdade, negam a crença mais básica do cristianismo, a de que Jesus pode morrer por seus pecados:

29 Naqueles dias, já não dirão: Os pais comeram uvas verdes, e os dentes dos filhos é que se embotaram.
30 Cada um, porém, será morto pela sua iniquidade; de todo homem que comer uvas verdes os dentes se embotarão.

Os versículos 29-30 acima estão dizendo que, no tempo futuro, ninguém vai continuar acreditando que alguém possa morrer e, por conseguinte, remover a culpa dos pecados de outra pessoa. Isso é demonstrado por aqueles que recitam um velho ditado (também encontrado em Ezequiel 18) de que o pai come uvas azedas, mas são os filhos que sentem o gosto azedo. Esse velho ditado expressa a crença errada de que os pais pecavam, mas os filhos que herdariam a culpa dos pecados dos pais. Em vez disso, Jeremias está dizendo que, quando esses dias vierem, todos reconhecerão conforme a Bíblia afirmou repetidamente (veja Êxodo32:30-35, Deuteronômio 24:16 e Ezequiel 18:1-4) que a pessoa que comete o pecado é, sempre, quem receberá a punição por esses pecados. É claro, isso quer dizer que Jesus não pode morrer por seus pecados! Isso é o que está afirmado claramente em Deuteronômio 24:16: *Os pais não serão mortos em lugar dos filhos, nem os filhos, em lugar dos pais; cada qual será morto pelo seu pecado.*

Essa descrição dessa era messiânica continua com Jeremias 31:31, que é a passagem que os cristãos normalmente citam sem os versículos que vêm antes dela. Uma simples análise desses versículos indicam que aquilo que está descrito ainda não aconteceu. O primeiro versículo da passagem diz:

> *31 Eis aí vêm dias, diz o Eterno, em que firmarei*
> *nova aliança com a casa de Israel e com a casa de Judá.*

Entretanto, a Casa de Israel, que foi feita com as dez tribos perdidas, se perdeu e foi espalhada pelo mundo desde a queda do Reino do Norte por volta de 721 a.c. A Casa de Israel, as dez tribos perdidas, não podem ser reunidas à casa de Jacó, porque a casa de Israel não aparece há milhares de anos. É por isso que são chamados *As Dez Tribos Perdidas*. Esta passagem de Jeremias está descrevendo um povo judeu em que todos os descendentes prosperaram e voltaram à Terra Prometida. Porque fala das Casas de Israel e de Judá juntas, com Deus, em uma única nova aliança e, uma vez que a Casa de Israel não pode ser unificada com a Casa de Judá, toda essa passagem ainda não aconteceu, e não pode se referir ao Cristianismo ou à sua "nova aliança"

Há outra referência, também em Jeremias, no capítulo 23, que descreve a mesma coisa, onde todos os judeus retornaram à Terra Prometida, e que também começa com as mesmas palavras encontradas em Jeremias 31:27 e 31:31.

> Jeremias 23:5-8 *5 Eis que vêm dias, diz o Eterno,*
> *em que levantarei a Davi um Renovo justo; e, rei que*
> *é, reinará, e agirá sabiamente, e executará o juízo e*
> *a justiça na terra. 6 Nos seus dias, Judá será salvo, e*
> *Israel habitará seguro; será este o seu nome, com que*
> *será chamado: Eterno, Justiça Nossa. 7 Portanto, eis*
> *que vêm dias, diz o Eterno, em que nunca mais dirão:*
> *Tão certo como vive o Eterno, que fez subir os filhos de*

*Israel da terra do Egito; 8 mas: Tão certo como vive
o Eterno, que fez subir, que trouxe a descendência da
casa de Israel da terra do Norte e de todas as terras
para onde os tinha arrojado; e habitarão na sua terra.*

Isso nos leva, agora a olhar os próximos dois versículos de nossa
passagem:

*32 Não conforme a aliança que fiz com seus pais,
no dia em que os tomei pela mão, para os tirar da terra
do Egito; porquanto eles anularam a minha aliança,
não obstante eu os haver desposado, diz o Eterno. 33
Porque esta é a aliança que firmarei com a casa de
Israel, depois daqueles dias, diz o Eterno: Na mente,
lhes imprimirei as minhas leis, também no coração
lhas inscreverei; eu serei o seu Deus, e eles serão o meu
povo.*

O que esses versículos estão dizendo é que ninguém mais vai
precisar procurar em nenhum livro, seja no Novo Testamento, ou
nas Escrituras Hebraicas, para saber o que é certo e o que é errado.
Saberão instintivamente porque estará em seus corações, fazendo
de Deus verdadeiramente seu Deus, e, em troca, fazendo deles o
povo de Deus. Certamente, isso ainda não aconteceu, então essa
passagem não pode estar referindo-se ao cristianismo, nem a seu
Novo Testamento.

O que quer dizer, exatamente, ter a Torá de Deus escrita em suas
parte mais ímntimas/? Em Salmos 40:8, lemos:

*agrada-me fazer a tua vontade, ó Deus meu;
dentro do meu coração, está a tua lei.*

Sabemos o que devemos fazer e somos felizes por isso, porque a
Torá de Deus está dentro de nós.

Leia também com atenção. Jeremias 31:33 não diz "vou imprimir minhas NOVAS leis em seus corações e mentes..." Diz "Na mente, lhes imprimirei as minhas leis". Continua a ser a mesma Torá de antes. As leis de Deus não mudam ou são mudadas, elas são eternas tanto quanto Deus é Eterno:

> Deuteronômio 29:29 As *coisas encobertas pertencem ao Eterno, nosso Deus, porém as reveladas nos pertencem, a nós e a nossos filhos, para sempre, para que cumpramos todas as palavras desta lei.*

> Salmos 19:7-9 7 *A lei do Eterno é perfeita e restaura a alma; o testemunho do Eterno é fiel e dá sabedoria aos símplices. 8 Os preceitos do Eterno são retos e alegram o coração; o mandamento do Eterno é puro e ilumina os olhos. 9 O temor do Eterno é límpido e permanece para sempre; os juízos do Eterno são verdadeiros e todos igualmente, justos.*

> Salmos 111:7-8 7 As *obras de suas mãos são verdade e justiça; fiéis, todos os seus preceitos. 8 Estáveis são eles para todo o sempre, instituídos em fidelidade e retidão.*

Na verdade, Ezequiel 11:17-20 reflete as ideias encontradas em Jeremias 31:27-34, de que as leis de Deus estarão em nossos corações, não em livros, na era messiânica, que durará para sempre:

> Ezequiel 11:17-20 17 *Dize ainda: Assim diz o Eterno Deus: Hei de ajuntá-los do meio dos povos, e os recolherei das terras para onde foram lançados, e lhes darei a terra de Israel. 18 Voltarão para ali e tirarão dela todos os seus ídolos detestáveis e todas as suas abominações. 19 Dar-lhes-ei um só coração,*

espírito novo porei dentro deles; tirarei da sua carne
o coração de pedra e lhes darei coração de carne; 20
para que andem nos meus estatutos, e guardem os meus
juízos, e os executem; eles serão o meu povo, e eu serei
o seu Deus.

Como escrevi acima, essa nova aliança de que Deus fala em Jeremias 31 não se trata de uma nova aliança, um novo contrato, com um povo novo e não significa um novo conjunto de leis, uma nova Torá, uma nova escritura. Significa que a aliança entre Deus e os judeus, e as leis da aliança são eternas.

Finalmente, o texto de Jeremias 31 diz:

34 Não ensinará jamais cada um ao seu próximo,
nem cada um ao seu irmão, dizendo: Conhece ao
Eterno, porque todos me conhecerão, desde o menor
até ao maior deles, diz o Eterno. Pois perdoarei as suas
iniquidades e dos seus pecados jamais me lembrarei.

Essa nova aliança significa que ninguém terá que catequizar ninguém para "conhecer o Eterno", porque o mundo todo já acreditará em Deus. Essa parte da passagem, especialmente, ainda não aconteceu, e isso é comprovado porque se já tivesse acontecido. o cristianismo não teria mais que catequizar ninguém! Uma vez que gastam centenas de milhões de dólares todos os anos, apenas para catequizar judeus, apenas para fazer com que os judeus "conheçam o Eterno, então essa profecia de Jeremias 31 não aconteceu ainda, e esses missionários cristãos comprovam isso todos os dias.

8. Salmos 110:1

Outro versículo que os missionários cristãos gostam de citar para converter judeus a sua fé em Salmos 110:1. Em traduções cristãs, este versículo diz:

> *Salmo de Davi. Disse o Eterno ao meu senhor: Assenta-te à minha direita, até que eu ponha os teus inimigos debaixo dos teus pés.*

Os cristãos, veem este versículo como uma afirmação de Deus, referenciado na primeira palavra "Senhor", falando para Jesus, referenciado na segunda vez que utiliza a palavra "Senhor". Os cristãos acham que esse versículo diz: "Deus disse a Jesus..." Claro que isso me leva a fazer a pergunta: Se Jesus fosse Deus, por que o Deus pai teria que transformar os inimigos de Jesus em descanso para pés:? Se Jesus fosse Deus, não seria capaz de fazer isso por conta própria?

Seja como for, há outros problemas gerais grandes com este versículo. Não há letras maiúsculas em Hebraico. Ao colocar a palavra Senhor em maiúsculas as duas vezes na tradução, faz parecer que as duas palavras se referem a divindade, ou a alguém que é divino. É uma forma de levar o leitor a ver este versículo como uma entidade divina falando com outra entidade divina, o que é uma interpretação de si mesmos, porque estão escolhendo colocando as duas ocorrências da palavras Senhor em maiúsculas.

Para entender realmente este versículo, ou qualquer outro versículo das Escrituras Hebraicas, deve-se ler no original em Hebraico.

"L'David mizmor. Ne'um Y.H.V.H. L'Adonee..."

Há inúmeras formas de traduzir a primeira frase deste versículo, "L'David mizmor". A razão para isso é que o prefixo "L" pode querer dizer "de", ou "para", ou "a". Isso significa que há três traduções possíveis desta frase, e todas as três podem estar corretas. São elas: "de Davi", ou "para Davi" ou "a Davi".

Se a tradução correta é "de Davi", então, quer dizer que Davi escreveu o Salmo. No entanto, se a tradução correta é "a Davi" ou "para Davi", então significa que foi escrito por alguém que não o rei Davi, o autor é desconhecido e esse autor desconhecido dedicou o salmo *ao* rei Davi ou o escreveu *para* o rei Davi

A primeira palavra utilizada no versículo que é traduzida como "Senhor", é, de fato, o nome mais sagrado para Deus, chamado de tetragrama, que quer dizer "o nome de quatro letras". No entanto, a segunda palavra traduzida como "Senhor" não é o nome de Deus em quatro letras, o tetragrama. Diferentemente, é a palavra "Adonee", que quer dizer "meu senhor", ou "meu mestre", como na nobreza "meus senhores e minhas senhoras". Essa é a forma que os tradutores teriam entendido isso. A melhor maneira de traduzir essa frase, então, seria "Deus disse ao meu mestre", e teria sido escrito por outro salmista que não Davi, sobre o rei Davi, e para o rei Davi. Outra forma de entender este versículo seria como "Deus disse ao rei Davi".

Esse versículo foi escrito sobre o rei Davi, para o rei Davi, e o autor está dizendo que Deus ia transformar os inimigos do rei Davi em capachos para os pés, e, de fato, isso foi o que aconteceu. O rei Davi derrotou os filisteus e forçou os moabitas a pagarem tributo.

Embora os cristãos desejem ver esse versículo como texto de prova de sua teologia cristã, é interessante a maneira em que Jesus utiliza este versículo em seu próprio Novo Testamento. Jesus cita este versículo para provar que o messias não seria descendente do rei Davi, a despeito do fato de que o judaísmo e o povo judeu sempre acreditou que o Messias tinha que ser um descendente do rei Davi.

Nos versículos abaixo, Jesus cita este versículo de Salmos 110:1 e também vê isto como o rei Davi escrevendo sobre como Deus falou com o Messias. No entanto, Jesus pergunta como pode o messias ser descendente do rei Davi, se o próprio rei Davi se refere ao Messias como Senhor do rei Davi?

Mateus 22:41-46 *Reunidos os fariseus,
interrogou-os Jesus: 42 Que pensais vós do Cristo?
De quem é filho? Responderam-lhe eles: De Davi. 43
Replicou-lhes Jesus: Como, pois, Davi, pelo Espírito,
chama-lhe Senhor, dizendo: 44 Disse o Senhor ao meu
Senhor: Assenta-te à minha direita, até que eu ponha
os teus inimigos debaixo dos teus pés? 45 Se Davi, pois,
lhe chama Senhor, como é ele seu filho? 46 E ninguém
lhe podia responder palavra, nem ousou alguém, a
partir daquele dia, fazer-lhe perguntas.*

Os missionários cristãos desejam ver o Salmo 110.1 como prova de que o Messias será Deus, mas Jesus, no Novo Testamento cristão, utiliza o mesmo versículo para provar que o messias, se for divino, não pode ser um descendente de Davi. Jesus, de acordo com a teologia cristã era, ele mesmo, descendente do rei Davi, então, de acordo com Jesus nos versículos acima, Jesus não pode ter sido o messias. Os cristãos não podem ter as duas coisas ao mesmo tempo.

9. Provérbios 30:2-4

Os missionários cristãos vão mostrar aos judeus os seguintes versículos, e pedir a eles que respondam à pergunta ao final do versículo 4:

Provérbios 30:2 *porque sou demasiadamente estúpido para ser homem; não tenho inteligência de homem, 3 não aprendi a sabedoria, nem tenho o conhecimento do Santo. 4 Quem subiu ao céu e desceu? Quem encerrou os ventos nos seus punhos? Quem amarrou as águas na sua roupa? Quem estabeleceu todas as extremidades da terra? Qual é o seu nome, e qual é o nome de seu filho, se é que o sabes?*

JUDAÍSMO E CRISTIANISMO: UM CONTRASTE

Já que os versículos terminam com as perguntas: *"Qual é o seu nome, e qual é o nome de seu filho, se é que o sabes?"* Os cristãos vão dizer que isso é uma referência a Jesus, o filho de Deus, que, porque era Deus, pode fazer todas as coisas listadas nesses versículos. Claro que essa interpretação só pode ser válida para aqueles que assumem que Jesus era Deus.

Essa não é a interpretação judaica destes versículos. Estes versículos fazem perguntas retóricas. O salmista sabe que ninguém, a não ser Deus, pode *"encerrar os ventos nos seus punhos, amarrar as águas na sua roupa e estabelecer todas as extremidades da terra?* Esses versículos estão dizendo que não há ninguém mais senão Deus que possa fazer essas coisas, ao perguntar: "Quem pode fazer essas coisas?" de maneira retórica. A Bíblia é clara, só Deus controla a natureza, e só Deus foi o autor da criação. Se a resposta é que ninguém humano pode fazer isso, então não há nome de nenhum humano que possa fazer isso, e, uma vez que não há quem possa fazê-lo, também não existe filho dessa pessoa inexistente. Esse versículo é uma maneira retórica de dizer, simplesmente, que não há ninguém como Deus.

Além disso, na Bíblia há muitos que são chamados filhos de Deus. Um exemplo é o povo judeu.

Nos versículos seguintes, Deus está dizendo a Moisés o que dizer ao Faraó. E aqui, Deus explicitamente afirma que o povo de Israel, os judeus, são o filho primogênito de Deus:

Êxodo 4:21-23 *Disse o Eterno a Moisés: Quando voltares ao Egito, vê que faças diante de Faraó todos os milagres que te hei posto na mão; mas eu lhe endurecerei o coração, para que não deixe ir o povo. 22 Dirás a Faraó: Assim diz o Eterno: Israel é meu filho, meu primogênito. 23 Digo-te, pois: deixa ir meu filho, para que me sirva; mas, se recusares deixá-lo ir, eis que eu matarei teu filho, teu primogênito.*

Como disse no início, há outras interpretações que são possíveis. Talvez o filho de Deus do qual se fala em Provérbios 30:4 seja o rei Davi, porque temos os seguintes versículos bíblicos no salmo 89 que dizem exatamente o seguinte:

> *20 Encontrei Davi, meu servo; com o meu santo óleo o ungi. 21 A minha mão será firme com ele, o meu braço o fortalecerá. 22 O inimigo jamais o surpreenderá, nem o há de afligir o filho da perversidade. 23 Esmagarei diante dele os seus adversários e ferirei os que o odeiam. 24 A minha fidelidade e a minha bondade o hão de acompanhar, e em meu nome crescerá o seu poder. 25 Porei a sua mão sobre o mar e a sua direita, sobre os rios.*
>
> *26 Ele me invocará, dizendo: Tu és meu pai, meu Deus e a rocha da minha salvação. 27 Fá-lo-ei, por isso, meu primogênito, o mais elevado entre os reis da terra.*

Ou talvez, no Salmo 30:4, referindo-se ao rei Salomão, a quem Deus também chama de filho, em 1 Crônicas 22:9-10:

> *Eis que te nascerá um filho, que será homem sereno, porque lhe darei descanso de todos os seus inimigos em redor; portanto, Salomão será o seu nome; paz e tranquilidade darei a Israel nos seus dias. 10 Este edificará casa ao meu nome; ele me será por filho, e eu lhe serei por pai; estabelecerei para sempre o trono do seu reino sobre Israel.*

Então existem algumas interpretações para este provérbio, no entanto, elas não exigem que nós a interpretemos de forma contrária à Bíblia.

10. Isaías 53

Para os missionários cristãos, Isaías 53 é a descrição perfeita da vida e morte de Jesus. Por ser uma descrição tão perfeita, eles sentem que Jesus tem que ter sido o Messias porque ele parece ter cumprido a profecia de Isaías 53.

Alguns desses fundamentalistas cristãos escutam que essa é uma descrição de Jesus tão perfeita que os judeus são proibidos de lê-la! Além disso, afirmam que os judeus leem nos Profetas toda semana em seus cultos, mas que o capítulo 53 de Isaías é intencionalmente deixado de fora dessas leituras porque é uma descrição tão óbvia de Jesus.

Nenhuma parte da Bíblia Judaica foi censurada pelo povo judaico; em nenhuma época os judeus foram proibidos de ler algumas partes da Bíblia. Se os judeus quisessem ter censurado qualquer parte da Bíblia, teriam simplesmente removido essas partes da Bíblia para início de conversa. Ou não as teriam incluído no cânone. Afinal de contas, foram os judeus, especificamente os rabinos do período pós segundo templo que determinaram o que iria e o que não iria fazer parte da Bíblia.

Claro que é uma questão histórica que não se permitia aos cristãos lerem a Bíblia por conta própria. Os tradutores da Bíblia foram mortos pela igreja porque tornaram a Bíblia acessível às pessoas comuns.

A parte dos profetas, chamada de Haftarah, só é lida porque houve um tempo na história judaica em que eram proibidos aos não judeus lerem a Torá na dor da morte. De maneira a deixar os judeus saberem o que devia ser lido da Torá, algumas partes dos Profetas e das Escrituras eram escolhidas para leitura e eram paralelas às porções da Torá que substituíam. Depois que foi permitido novamente aos judeus lerem a Torá, o costume de ler o Haftarah continuou porque destacava o significado da Torá. A razão pela qual os judeus não leem Isaías 53 em nenhuma época do ano durante um culto semanal é porque não há paralelos a Isaias 53 na Torá, nos cinco livros de Moisés: Gênesis, Êxodo, Levítico, Números e Deuteronômio.

Um exemplo disso pode ser visto na leitura do Haftarah de Gênesis 1:1, a história da criação. Para este Sabath, a leitura paralela dos Profetas é Isaías 42:5-12, que começa com: "Assim diz Deus, o Eterno, que criou os céus e os estendeu..."

Isaías 53 não tem paralelo com nada na Torá, e, portanto, não era escolhido para ser lido no lugar de nenhuma parte da Torá.

A única razão pela qual os cristãos ouvem que era proibido aos judeus ler Isaías 53, ou que os judeus não leem Isaías 53 a partir dos Profetas, é porque eles não conseguem entender como os judeus podem ler Isaías 53 e não admitir imediatamente que Jesus era o cumprimento da profecia, e, portanto, o Messias. É claro, como veremos, que há algumas tantas razões pelas quais os judeus não veem o cumprimento da profecia em Isaías 53 por Jesus.

Apesar do que acabamos de falar, quando você lê o texto de Isaías 53, você pode, de fato, enxergar nos versículos o que parece ser uma descrição de Jesus. Há uma razão para isso que veremos abaixo.

Por favor, lembrem-se que isso é uma *tradução equivocada* do original em Hebraico. Entretanto, vamos utilizá-la porque é a *tradução equivocada* que é utilizada com mais frequência pelos missionários cristãos:

> Isaías 52:13-53:12 13 *Eis que o meu Servo procederá com prudência; será exaltado e elevado e será mui sublime. 14 Como pasmaram muitos à vista dele (pois o seu aspecto estava mui desfigurado, mais do que o de outro qualquer, e a sua aparência, mais do que a dos outros filhos dos homens),15 assim causará admiração às nações, e os reis fecharão a sua boca por causa dele; porque aquilo que não lhes foi anunciado verão, e aquilo que não ouviram entenderão.*

Isaías 53.1 *1 Quem creu em nossa pregação? E a quem foi revelado o braço do Eterno? 2 Porque foi subindo como renovo perante ele e como raiz de uma terra seca; não tinha aparência nem formosura; olhamo-lo, mas nenhuma beleza havia que nos agradasse. 3 Era desprezado e o mais rejeitado entre os homens; homem de dores e que sabe o que é padecer; e, como um de quem os homens escondem o rosto, era desprezado, e dele não fizemos caso. 4 Certamente, ele tomou sobre si as nossas enfermidades e as nossas dores levou sobre si; e nós o reputávamos por aflito, ferido de Deus e oprimido. 5 Mas ele foi traspassado pelas nossas transgressões e moído pelas nossas iniquidades; o castigo que nos traz a paz estava sobre ele, e pelas suas pisaduras fomos sarados. 6 Todos nós andávamos desgarrados como ovelhas; cada um se desviava pelo caminho, mas o Eterno fez cair sobre ele a iniquidade de nós todos. 7 Ele foi oprimido e humilhado, mas não abriu a boca; como cordeiro foi levado ao matadouro; e, como ovelha muda perante os seus tosquiadores, ele não abriu a boca. 8 Por juízo opressor foi arrebatado, e de sua linhagem, quem dela cogitou? Porquanto foi cortado da terra dos viventes; por causa da transgressão do meu povo, foi ele ferido. 9 Designaram-lhe a sepultura com os perversos, mas com o rico esteve na sua morte, posto que nunca fez injustiça, nem dolo algum se achou em sua boca. 10 Todavia, ao Eterno agradou moê-lo, fazendo-o enfermar; quando der ele a sua alma como oferta pelo pecado, verá a sua posteridade e prolongará os seus dias; e a vontade do Eterno prosperará nas suas mãos. 11 Ele verá o fruto do penoso trabalho de sua alma e ficará satisfeito; o meu Servo, o Justo, com o seu conhecimento, justificará a muitos, porque as iniquidades deles levará sobre si.*

12 Por isso, eu lhe darei muitos como a sua parte, e com os poderosos repartirá ele o despojo, porquanto derramou a sua alma na morte; foi contado com os transgressores; contudo, levou sobre si o pecado de muitos e pelos transgressores intercedeu.

Primeiramente, deixe-me apontar dois dos muitos erros de tradução acima. No versículo 5, o texto é traduzido como *"Mas ele foi traspassado pelas nossas transgressões e moído pelas nossas iniquidades..."*. o erro é que o prefixo das palavras "nossas transgressões" e "nossas iniquidades" é a letra hebraica MEM. Esse prefixo quer dizer "de" e não "por". Uma tradução mais precisa seria: "Mas ele foi traspassado A PARTIR DE nossas transgressões e moído A PARTIR DE nossas iniquidades". Isso quer dizer que Isaías 53 não está falando de um homem que morreu "por nossos pecados", mas, ao invés disso, "POR CAUSA DE nossos pecados". Esse é, na verdade, o entendimento judaico de Isaías 53, o de que as nações da Terra finalmente entenderão que os judeus estiveram certos o tempo todo, e que os pecado cometidos contra os judeus pelas nações da Terra resultaram na morte de judeus inocentes.

No versículo 9, o texto acima é traduzido como "Designaram-lhe a sepultura com os perversos, mas com o rico esteve na sua morte...". No entanto, esta última palavra no hebraico é traduzida mais precisamente como "em suas mortes", porque a palavra aparece no Hebraico em sua forma plural. O texto diz: "b'mo-taYv". A letra hebraica "Yod", indicada pelo Y maiúsculo na palavra transliterada, indica plural, qualquer um que saiba Hebraico entenderia desse jeito. Ler o texto como "em sua morte" exigiria que ele fosse "b'moto". Uma vez que a palavra "b'mo-taYv", na verdade, significa "em suas mortes", então, para Jesus cumprir esse versículo, ele precisa voltar à Terra e morrer pelo menos outra vez. Os judeus, personificados como servos, conforme veremos adiante, cumpriram este versículo várias vezes, porque o povo de Israel contou milhões de mortes imerecidas.

Conforme você leu nos versículos acima, você pode ter sido lembrado da imagem de Jesus, como ele viveu e como morreu. Se foi assim, então, por que Isaías 53 não é uma profecia a respeito do Messias que Jesus cumpriu, de acordo com o entendimento judaico da passagem?

De acordo com a tradição judaica, Isaías estava escrevendo sobre o povo de Israel personificado como O Servo Sofredor do Senhor. E não há menos de oito citações que mostram que isso é verdade. Reparem que nas citações a seguir, todas do livro de Isaías, é o povo de Israel que é chamado de Servo do Senhor. O nome "Israel" é outro nome de Jacó, então, quando o texto diz "Jacó" ou "Israel", é a mesma pessoa.

Isaías 41:8 *Mas tu, ó Israel, servo meu, tu, Jacó, a quem elegi, descendente de Abraão, meu amigo,.*

Isaías 43:10 *Vós sois as minhas testemunhas, diz o Eterno, o meu servo a quem escolhi; para que o saibais, e me creiais, e entendais que sou eu mesmo, e que antes de mim deus nenhum se formou, e depois de mim nenhum haverá..*

Isaías 44:1 *Agora, pois, ouve, ó Jacó, servo meu, ó Israel, a quem escolhi.:*

Isaías 44:21 *Lembra-te destas coisas, ó Jacó, ó Israel, porquanto és meu servo! Eu te formei, tu és meu servo, ó Israel; não me esquecerei de ti.*

Isaías 45:4 *Por amor do meu servo Jacó e de Israel, meu escolhido, eu te chamei pelo teu nome e te pus o sobrenome, ainda que não me conheces.*

Isaías 48:20 *Saí da Babilônia, fugi de entre os caldeus e anunciai isto com voz de júbilo; proclamai-o e levai-o até ao fim da terra; dizei: O Eterno remiu a seu servo Jacó.*

Isaías 49:3 *e me disse: Tu és o meu servo, és Israel, por quem hei de ser glorificado.*

Isaías 49:7 *Assim diz o Eterno, o Redentor e Santo de Israel, ao que é desprezado, ao aborrecido das nações, ao servo dos tiranos: Os reis o verão, e os príncipes se levantarão; e eles te adorarão por amor do Eterno, que é fiel, e do Santo de Israel, que te escolheu.*

Isaías 43:10 acima é um versículo muito interessante. Este versículo nos diz que o povo de Israel é plural, quando Deus utiliza o termo "testemunhas", mas também se refere ao povo de Israel nesse mesmo versículo no singular com a palavra "servo", a mesma palavra que encontramos em Isaías 53!

Este versículo também afirma que nenhum Deus se formará, o que quer dizer que Jesus não pode ser Deus, que foi formado no útero de Maria bem depois de Deus ter dito isso em Isaías 43:10.

Das muitas citações acima, podemos ver que Isaías 53 se referia ao povo de Israel como o
Servo Sofredor do Eterno, assim como em todas as citações que vieram antes de Isaías 53.

Os missionários cristãos vão alegar que Rashi, que é um acrônimo para Rabbi Shlomo Yitzchaki (1040 – 1105), inventou a associação do servo de Isaías 53 com a personificação do povo de Israel. Isso é errado, simplesmente, e pode ser comprovado a partir dos escritos dos próprios cristãos muito antes de Rashi nascer. Em "Contra Celsum", escrito em 248 d.C. (uns 800 anos antes de Rashi), a igreja Cristã de Padre Orígenes registra que os judeus que viveram em sua época interpretavam essa passagem como se ela se referisse a toda a nação de Israel. Escreveu:

Lembro-me de que, uma vez, em uma discussão com alguns que os judeus consideram eruditos, usei essas profecias [Isaías 52:13-53:8].

Nisso, o judeu disse que essas profecias se referiam a todo o povo como se fossem um único indivíduo, uma vez que foram espalhados pela dispersão e golpeados, para que, como resultado da dispersão dos judeus entre as outras nações, muitos pudessem se tornar prosélitos. (Orígenes, Contra Celsum, trad. para o Inglês de Henry Chadwick, Cambridge: Cambridge University Press, Book 1.55, 1965, p. 50. Tradução em inglês pode ser encontrada na internet em: http://www.ccel.org/ccel/schaff/anf04.vi.ix.i.lvi.html)

Isso mostra que os judeus endossavam a crença de que todos do povo de Israel eram o servo sofredor de quem se fala na passagem inteira, e isso é anterior a Rashi em muitos séculos.

Antes de olharmos diretamente o texto de Isaías 53, precisamos, antes, fazer uma pergunta. A Bíblia é explicitamente clara, como lemos em Deuteronômio 24:16, que "cada qual será morto pelo seu pecado". Isso também se encontra em Êxodo 32:30-35: "Então, disse o Eterno a Moisés: Riscarei do meu livro todo aquele que pecar contra mim", e, de novo, em Ezequiel 18:1-4; 20-24; 26-27: "Eis que todas as almas são minhas; como a alma do pai, também a alma do filho é minha; a alma que pecar, essa morrerá"... "A alma que pecar, essa morrerá; o filho não levará a iniquidade do pai, nem o pai, a iniquidade do filho; a justiça do justo ficará sobre ele, e a perversidade do perverso cairá sobre este". Veja que, em Ezequiel 18:20, não está escrito que a perversidade do perverso cairá sobre o justo, mas, ao contrário, que a perversidade do perverso cairá sobre o perverso.

Conforme mostramos acima, a Bíblia, repetidamente, de forma consistente e sem qualquer necessidade de interpretação, afirma clara e literalmente que a pessoa que peca é a pessoa que recebe a punição pelo pecado. A pergunta que devemos fazer à luz da interpretação cristã de Isaías 53 é: "Quando foi que Deus mudou de ideia?" Se, de fato, "cada homem morrerá por seu próprio pecado", a única maneira com que podemos interpretar Isaías 53 de forma a significar o oposto, que Jesus morreu por nossos pecados, é se Deus tiver mudado de ideia. de outra forma, ele não quis dizer o que disse quando disse: "cada qual será morto pelo seu próprio pecado". A interpretação que os cristãos dão a Isaías 53 é exatamente isso, uma interpretação, e de um tipo que vai contra as ideias expressas em outras partes da Bíblia, como mostramos.

Essa interpretação cristã de um messias que salva na morte também era desconhecida pelos discípulos de Jesus, conforme mencionamos ao final do capítulo 6 deste livro. Quando Jesus explicou sua missão aos discípulos, que ele devia morrer pelos pecados da humanidade de acordo com essa definição de "messias", seus discípulos não entenderam o que ele estava dizendo, e sua resposta foi repreender a Jesus por ter dito tal coisa, de acordo com Mateus 16:13-23:

> *13 Indo Jesus para os lados de Cesareia de Filipe, perguntou a seus discípulos: Quem diz o povo ser o Filho do Homem? 14 E eles responderam: Uns dizem: João Batista; outros: Elias; e outros: Jeremias ou algum dos profetas. 15 Mas vós, continuou ele, quem dizeis que eu sou? 16 Respondendo Simão Pedro, disse: Tu és o Cristo, o Filho do Deus vivo. 17 Então, Jesus lhe afirmou: Bem-aventurado és, Simão Barjonas, porque não foi carne e sangue que to revelaram, mas meu Pai, que está nos céus. 18 Também eu te digo que tu és Pedro, e sobre esta pedra edificarei a minha igreja, e as portas do inferno não prevalecerão contra ela. 19 Dar-te-ei as chaves do reino dos céus; o que ligares na terra terá sido ligado nos céus; e o que desligares na terra terá sido desligado nos céus. 20 Então, advertiu os discípulos de que a ninguém dissessem ser ele o Cristo. 21 Desde esse tempo, começou Jesus Cristo a mostrar a seus discípulos*

que lhe era necessário seguir para Jerusalém e sofrer muitas coisas dos anciãos, dos principais sacerdotes e dos escribas, ser morto e ressuscitado no terceiro dia. 22 E Pedro, chamando-o à parte, começou a reprová-lo, dizendo: Tem compaixão de ti, Senhor; isso de modo algum te acontecerá. 23 Mas Jesus, voltando-se, disse a Pedro: Arreda, Satanás! Tu és para mim pedra de tropeço, porque não cogitas das coisas de Deus, e sim das dos homens.

Veja também, em Marcos 8:31-33 e em Lucas 18:31-34. Se Pedro e os outros discípulos tivessem sabido da missão do messias, de salvar por meio de sua morte, eles teriam agradecido a Jesus, ao contrário de repreendê-lo pelo que ele lhes disse.

Leia novamente a passagem de Isaías 52:13 até Isaías 53:12. Certamente, se não lermos com cuidado, vai parecer muito com a descrição de um homem que morre pelos pecados de outros. Isso é semelhante à história de Pinóquio, como discutimos na introdução da Seção II, sob o título Tipologias. Como os judeus explicam que a vida e a morte de Jesus se reflete nesses versículos?

Em primeiro lugar, não deve surpreender que a vida e a morte de Jesus pareçam estar refletidas nos versículos de Isaías 53. As Escrituras Hebraicas vieram antes de Jesus. Os autores do Novo Testamento Cristão puderam utilizar imagens que encontraram nas Escrituras Hebraicas e criar uma história sobre Jesus que se encaixe nessas imagens, conforme já discutimos na Introdução, na Seção C, Invenções.

Muitas das passagens no Novo Testamento cristão contradizem a imagem descrita em Isaías 53. Isso, provavelmente, porque, sem importar o quanto os autores tenham tentado criar histórias sobre Jesus que se encaixassem nas imagens encontradas nas Escrituras Hebraicas, as histórias factuais sobre o homem Jesus também foram registradas por eles. Essas são as histórias que negam o messianismo de Jesus, tanto quanto contradizem a imagem do Servo Sofredor de

Isaías 53. Vamos olhar mais de perto o que está escrito em Isaías 53, e então comparar com outras passagens do Novo Testamento cristão. Dois versículos na passagem de Isaías descrevem o servo do Senhor como alguém que foi ou muito feio para ter aparência humana, ou um tipo físico comum demais para ser destacado:

Isaías 52:14 *o seu aspecto estava mui desfigurado, mais do que o de outro qualquer, e a sua aparência, mais do que a dos outros filhos dos homens,.*

Isaías 53:2 *não tinha aparência nem formosura; olhamo-lo, mas nenhuma beleza havia que nos agradasse..*

Mas toda imagem pintada de Jesus mostra um homem bonito e grande e musculoso, como seria qualquer carpinteiro. Estes textos de Isaías não se referem ao servo em um único tempo e lugar, como depois de um açoitamento ou uma crucificação, mas ao contrário, se refere à aparência do Servo, de maneira geral, para o mundo não judeu.

Também há evidência no Novo Testamento cristão que indicam que Jesus era um homem bonito, cuja companhia os outros desejavam, e cuja estatura, ou aparência, não se encaixam na descrição de Isaías:

Luke 2:52 *E crescia Jesus em sabedoria, estatura e graça, diante de Deus e dos homens..*

Um versículo na passagem de Isaías descreve o servo como um solitário, sem ninguém para chamar de amigo:

Isaías 53:3 *Era desprezado e o mais rejeitado entre os homens;.*

O versículo acima não está descrevendo um homem que, em dado momento de sua vida, tenha experimentado alguma rejeição, mas, ao contrário, alguém que experimentou a rejeição por toda a vida como os judeus a conheceram ao longo de 4.000 anos de existência. Entretanto, em muitos lugares dentro do Novo Testamento cristão, como na citação acima de Lucas 2:52, Jesus é descrito como tendo muitos seguidores, desde o início de seu ministério por todo o caminho até a cena de sua crucificação

> Mateus 21:46 *e, conquanto buscassem prendê-lo, temeram as multidões, porque estas o consideravam como profeta.*

> Lucas 23:26-27 *E, como o conduzissem, constrangendo um cireneu, chamado Simão, que vinha do campo, puseram-lhe a cruz sobre os ombros, para que a levasse após Jesus. 27 Seguia-o numerosa multidão de povo, e também mulheres que batiam no peito e o lamentavam.*

Isso também pode ser visto nos versículos a seguir:

> Marcos 14:1-2 *Dali a dois dias, era a Páscoa e a Festa dos Pães Asmos; e os principais sacerdotes e os escribas procuravam como o prenderiam, à traição, e o matariam. 2 Pois diziam: Não durante a festa, para que não haja tumulto entre o povo.*

> Mateus 4:24-25 *E a sua fama correu por toda a Síria; trouxeram-lhe, então, todos os doentes, acometidos de várias enfermidades e tormentos: endemoninhados, lunáticos e paralíticos. E ele os curou. 25 E da Galileia, Decápolis, Jerusalém, Judeia e dalém do Jordão numerosas multidões o seguiam.*

Mateus 21:9 E *as multidões, tanto as que o precediam como as que o seguiam, clamavam: Hosana ao Filho de Davi! Bendito o que vem em nome do Senhor! Hosana nas maiores alturas!*

Mateus 21:11 E *as multidões clamavam: Este é o profeta Jesus, de Nazaré da Galileia!*

Lucas 4:14-15 Então, *Jesus, no poder do Espírito, regressou para a Galileia, e a sua fama correu por toda a circunvizinhança. 15 E ensinava nas sinagogas, sendo glorificado por todos.*

Lucas 7:11-12 Em *dia subsequente, dirigia-se Jesus a uma cidade chamada Naim, e iam com ele os seus discípulos e numerosa multidão. 12 Como se aproximasse da porta da cidade, eis que saía o enterro do filho único de uma viúva; e grande multidão da cidade ia com ela.*

Lucas 7:16-17 Todos *ficaram possuídos de temor e glorificavam a Deus, dizendo: Grande profeta se levantou entre nós; e: Deus visitou o seu povo. 17 Esta notícia a respeito dele divulgou-se por toda a Judéia e por toda a circunvizinhança.*

Lucas 8:4 Afluindo *uma grande multidão e vindo ter com ele gente de todas as cidades, disse Jesus por parábola:*

Lucas 8:19 Vieram *ter com ele sua mãe e seus irmãos e não podiam aproximar-se por causa da concorrência de povo.*

Lucas 8:45 Mas *Jesus disse: Quem me tocou?*
Como todos negassem, Pedro [com seus companheiros]
disse: Mestre, as multidões te apertam e te oprimem [e
dizes: Quem me tocou?].

João 12:11 porque *muitos dos judeus, por causa*
dele, voltavam crendo em Jesus.

João 12:42 *Contudo, muitos dentre as próprias*
autoridades creram nele, mas, por causa dos fariseus,
não o confessavam, para não serem expulsos da
sinagoga;:

Podemos ver, então, que, diferente do servo descrito em Isaías
53:3, Jesus não foi nem desprezado nem rejeitado por todos os
homens, e, em vez disso, tinha uma legião de seguidores até ser
crucificado.

Duas citações da passagem de Isaías descrevem uma pessoa
que permanecia em silêncio quando acusado por aqueles que o
prenderam, de alguém que é inocente de qualquer malfeito.

Isaías 53:7 *Ele foi oprimido e humilhado, mas não*
abriu a boca; como cordeiro foi levado ao matadouro;
e, como ovelha muda perante os seus tosquiadores, ele
não abriu a boca.

Isaías 53:9 *nem dolo algum se achou em sua boca..*

Mas existe uma citação no Novo Testamento cristão que afirma
que Jesus repreendeu os que o prenderam e, ao fazer isso, ele, de fato,
"abriu a boca".

João 18:22-23 *Dizendo ele isto, um dos guardas*
que ali estavam deu uma bofetada em Jesus, dizendo:

É assim que falas ao sumo sacerdote? 23 Replicou-lhe
Jesus: Se falei mal, dá testemunho do mal; mas, se falei
bem, por que me feres?

Na citação acima, Jesus responde ao guarda que o prendeu pelo que considera maus tratos. Como discutimos em outros pontos, Jesus exigiu uma explicação de porque tinha sido agredido. Ao "abrir sua boca", para replicar aos que o prenderam, ele contradiz sua própria ideia de "dar a outra face", encontrada em Mateus 5:39. Isso faz de Jesus um hipócrita, e a hipocrisia é uma forma de enganação porque engana as pessoas para que façam o que o enganador não faz.

Um dos versículos na passagem de Isaías descreve um homem inocente, da paz:

Isaías 53:9 posto *que nunca fez injustiça,*

Mas a maioria das pessoas é familiarizada com pelo menos um dos muitos atos de violência que Jesus cometeu, quando da "limpeza" do Templo:

Mateus 21:12 *Tendo Jesus entrado no templo,*
expulsou todos os que ali vendiam e compravam;
também derribou as mesas dos cambistas e as cadeiras
dos que vendiam pombas.

Além disso, na versão deste ato de violência encontrado em João 2:15, ele afirma que Jesus fez para si um açoite ou um chicote, com o qual bateu nas pessoas do Templo:

João 2:15 *15 tendo feito um azorrague de cordas,*
expulsou todos do templo, bem como as ovelhas e os
bois, derramou pelo chão o dinheiro dos cambistas,
virou as mesas;

Embora um cristão possa dizer que a violência cometida por Jesus no Templo pode ter sido legítima, o versículo em Isaías descreve alguém que nunca cometeu nenhuma injustiça para merecer a perseguição que recebeu. Jesus era visto por Roma como um rebelde, e é por isso que o crucificaram. O Novo Testamento afirma que sobre sua cabeça colocaram a acusação de Roma, que dizia: "Este é Jesus, o Rei dos Judeus", como vemos em Mateus 27:37 e também em Marcos 15:26. Seu crime, de acordo com a acusação pela qual foi crucificado, era a de tentar ser o Rei dos Judeus em vez do imperador de Roma. A violência que ele perpetrou trouxe atenção sobre si, e, por essa violência, ele foi visto como um revolucionário, e, portanto, foi crucificado. Acima, temos a afirmação de que os judeus eram os servos citados em Isaías 53. Há quem possa argumentar que os judeus cometeram violências ao longo dos milênios, e isso é verdade, mas os judeus não cometeram violências para merecer a perseguição que sofreram. Qual a violência cometida pelos judeus da Europa para merecerem o holocausto?

Além disso, aqueles que "compravam e vendiam" no Templo" estavam lá por ordem de Deus. Em Deuteronômio 14:24-26, Deus disse aos judeus para vender os animais que queriam sacrificar, levar o dinheiro a Jerusalém e, lá, comprar o mesmo animal para o sacrifício. Portanto, os cambistas e os vendedores de animais estavam lá por ordem de Deus.

> Deuteronômio 14:24-26 *Quando o caminho te for comprido demais, que os não possas levar, por estar longe de ti o lugar que o Eterno, teu Deus, escolher para ali pôr o seu nome, quando o Eterno, teu Deus, te tiver abençoado, 25 então, vende-os, e leva o dinheiro na tua mão, e vai ao lugar que o Eterno, teu Deus, escolher. 26 Esse dinheiro, dá-lo-ás por tudo o que deseja a tua alma, por vacas, ou ovelhas, ou vinho, ou bebida forte, ou qualquer coisa que te pedir a tua*

alma; come-o ali perante o Eterno, teu Deus, e te alegrarás, tu e a tua casa;

Há outros lugares no Novo Testamento que descrevem a violência de Jesus. Vejam alguns exemplos mais:

Em Marcos, Jesus condena uma inocente arvore de frutas à morte porque não tinha figos para Jesus comer, embora nem fosse época da fruta:

Marcos 11:12-14; 20-21 *12 No dia seguinte, quando saíram de Betânia, teve fome.*

13 E, vendo de longe uma figueira com folhas, foi ver se nela, porventura, acharia alguma coisa. Aproximando-se dela, nada achou, senão folhas; porque não era tempo de figos.

14 Então, lhe disse Jesus: Nunca jamais coma alguém fruto de ti! E seus discípulos ouviram isto......20 E, passando eles pela manhã, viram que a figueira secara desde a raiz.

21 Então, Pedro, lembrando-se, falou: Mestre, eis que a figueira que amaldiçoaste secou.

Jesus também afirmou que seu propósito ao vir para a Terra não era a paz, como mencionamos repetidas vezes:

Mateus 10:34-36 *34 Não penseis que vim trazer paz à terra; não vim trazer paz, mas espada. 35 Pois vim causar divisão entre o homem e seu pai; entre a filha e sua mãe e entre a nora e sua sogra. 36 Assim, os inimigos do homem serão os da sua própria casa.*

Jesus afirma a seguir que aqueles que não o aceitarem devem ser executados. Em quase todas as interpretações cristãs da parábola na qual se encontram os versículos a seguir, entendem que foi Jesus, o governante, quem falou:

> Lucas 19:27 *27 Quanto, porém, a esses meus inimigos, que não quiseram que eu reinasse sobre eles, trazei-os aqui e executai-os na minha presença.*

Talvez o versículo acima de Lucas 19 tenha sido a justificativa cristã para a execução de tantos judeus ao longo dos séculos, simplesmente porque ainda rejeitamos Jesus.

E, em Lucas 22:36, Jesus diz a seus discípulos para saírem e comprarem espadas.

Então, aqui vemos isso novamente. Jesus, um homem violento, não pode ter sido o servo amante da paz que nunca cometeu injustiças, como descrito em Isaías 53.

Finalmente, tem um versículo na passagem de Isaías, que descreve o servo como alguém com vida longa e com filhos:

> Isaías 53:10 *verá a sua posteridade e prolongará os seus dias;;*

Mas é óbvio, Jesus nunca se casou e não teve filhos, . Morreu com trinta e poucos anos, ainda jovem. Os cristãos respondem a isso dizendo que Isaías disse posteridade referindo-se aos discípulos de Jesus, ou que os próprios cristãos são como seus filhos, mas a palavra em Hebraico é "zerah", que quer dizer semente, e só pode se referir à linhagem de alguém, a seus filhos. Podemos ver isso claramente na passagem abaixo de Gênesis 15:2-4. Abrão teme por não ter herdeiros biológicos, o único que herdaria seus bens seria Eliezer, que Abrão chamava de seu "ben", seu filho. Entretanto, Deus diz que não será seu "ben" que iria herdar seus bens, mas, ao contrário, sua semente, sua "zerah".

Gênesis 15:2-4 *E respondeu Abrão: Eterno Deus, que me haverás de dar, se continuo sem filhos e o herdeiro da minha casa é o damasceno Eliezer?*

3 Disse mais Abrão: A mim não me concedeste descendência, e um servo nascido na minha casa será o meu herdeiro.

4 A isto respondeu logo o Eterno, dizendo: Não será esse o teu herdeiro; mas aquele que será gerado de ti será o teu herdeiro.

Novamente, vemos que Jesus não cumpriu a descrição do servo em Isaías 53 porque não teve semente, o que significa filhos, não teve descendência.

Para fins de argumentação, vamos pretender que Isaías estava fazendo uma profecia de seu futuro, ao invés de interpretar o passado, como os tempos pretéritos utilizados indicam. Nesse caso, Isaías 53 poderia se aplicar não só ao povo de Israel nos dias de Isaías, mas também ao longo da história. Tente reler a passagem de Isaías, mas pense nas vítimas judias do holocausto, ou nos pogroms, ou na Inquisição, ou nas Cruzadas, ou em outras perseguições que os cristãos empreenderam contra os judeus, enquanto estiver lendo. Pergunte a si mesmo que violência esses judeus cometeram para merecer o destino que foi dado a eles por cristãos? A resposta, é claro, é: – Nenhuma.

Jesus não cumpriu essa "profecia" de Isaías 53, nem cumpriu nenhuma das profecias importantes e reais acerca do verdadeiro Messias.

CAPÍTULO 15

CONCLUSÕES E PERGUNTAS

Há um número crescente de pessoas que ou ignoram as diferenças entre o judaísmo e o cristianismo, ou simplesmente não sabem de nada. Essas pessoas cometem esses erros por algumas razões.

Muitas pessoas escutam e utilizam a expressão "tradição judaico-cristã". Sem entender o termo, presumem que a única coisa que separa o judaísmo do cristianismo é que uma fé acredita que Jesus era o Messias, enquanto a outra, não. Essas pessoas não entendem que os cristãos utilizam a "tradição judaico-cristã" para se referir ao judaísmo que precedeu o cristianismo, que não inclui o judaísmo rabínico que definiu o judaísmo por mais de 2000 anos, e que informa e formata cada ramo do judaísmo em nossos dias. Elas utilizam o termo para indicar a origem das crenças cristãs, que culminaram com o cristianismo. Ou utilizam o termo "tradição judaico-cristã" para se referir àqueles tempos em que havia, de fato, uma sobreposição entre os valores e a ética judaica e os valores e a ética cristã.

Outra característica que leva muitos a desconsiderar as diferenças entre o judaísmo e o cristianismo é que a denominação do cristianismo que se intitula "Judaísmo Messiânico" influenciou não apenas as denominações cristãs evangélicas e conservadoras, mas, cada vez mais, as denominações liberais também. Cada vez mais, igrejas de todas as denominações estão promovendo sêderes de Páscoa, e celebrando outros feriados judaicos, como o Sucote, a Festa dos Tabernáculos. Alguns casamentos cristãos estão incluindo um *Ketubá* (contrato de casamento judaico), enquanto algumas crianças cristãs vêm celebrando *Bar* e *Bat Mitzvahs*. Cada vez que o cristianismo passa a observar um ritual ou feriado do judaísmo, quer deem um toque cristão ou não, estão levando seus membros e suas denominações a acreditarem que o judaísmo e o cristianismo não são tão diferentes no fim das contas, e misturam mais as linhas que dividem uma fé da outra.

O "judaísmo" Messiânico também fez muito para confundir ou obscurecer as diferenças entre o judaísmo e o cristianismo. Com forte apoio do cristianismo Evangélico, a técnica mais fundamental dos esforços de seus missionários é fazer com que judeus acreditem na ideia falsa de que alguém pode ser judeu e cristão ao mesmo tempo; que não estão abandonando o judaísmo quando aceitam a teologia cristã e as interpretações cristãs das Escrituras Hebraicas. Isso não funciona, a menos que eles dissolvam as separações entre as duas fés e façam parecer que tudo que é cristão se encontra enraizado no judaísmo e nos rituais judaicos.

Uma vez que os melhores amigos do Estado de Israel são os mesmos cristãos evangélicos que apoiam os esforços missionários para converter judeus, membros da comunidade judaica têm um conflito de interesses quando ressaltam as diferenças entre as duas fés. Para não pôr em risco o apoio que o Estado de Israel recebe desses cristãos, os judeus amenizam suas declarações que antagonizam com a teologia cristã. Os rabinos, atualmente, chamam Jesus de rabino, quando nenhuma *beit court* (tribunal) de rabinos nunca lhe concederam a *smicha* (ordenação). Os judeus vão enfatizar a contraposição que falamos acima, entre o judaísmo e o cristianismo no que diz respeito aos valores e à ética, muito acima das grandes diferenças que existem do ponto de vista teológico, tanto quanto a diferenças relacionadas à interpretação bíblica.

Os judeus cresceram acreditando que o judaísmo é tão bom quanto o cristianismo, que é razoável, e benéfico, tão verdadeiro e justo quanto o cristianismo. Ao acreditarem que o judaísmo é apenas tão bom quanto, e não melhor, mais verdadeiro e em mais consonância com os valores bíblicos, mais benéficos a seus seguidores do que o cristianismo, então não há motivo para diferenciar as duas fés, ou para evitar seguir um pouco das duas. Isso tem funcionado para justificar a assimilação de judeus. Afinal, se as duas fés são as mesmas, se uma é tão boa, tão verdadeira quanto a outra, então, por que não ser como a maioria, agir e acreditar como a maioria? Por que manter as diferenças, ou destacá-las, quando se pode juntar à maioria, agir e acreditar como a maioria, se a fé da minoria não é mais verdadeira, mais justa, mais consonante com os valores e crenças bíblicas do que a fé da maioria?

Se, por um lado, a ignorância das diferenças entre o judaísmo e o cristianismo levou alguns judeus a serem assimilados, ou, simplesmente, tornarem-se seculares, também levou cristãos a acreditarem que a única razão pela qual os judeus não se converteram ao cristianismo é que a história do antissemitismo cristão impede isso. Eles acham que é por causa das limitações da igreja primitiva sobre os judeus, sua supressão do judaísmo, que, por causa das Cruzadas, da Inquisição (que tinha mais a ver com a manutenção dos judeus alinhados com as crenças católicas do que com a conversão de judeus), dos pogroms, do Holocausto e outras perseguições de judeus, que os judeus se recusaram a se converter. Esses cristãos não entendem que o verdadeiro obstáculo à conversão de judeus é o contraste nítido entre as crenças e suposições de cristãos e judeus. E, então, aqui também, as diferenças entre o judaísmo e o cristianismo devem ser ignoradas ou suprimidas se quiserem ter sucesso na conversão de judeus.

Não podemos ter as duas coisas. O judaísmo e o cristianismo discordam nas crenças e teologias mais fundamentais das duas fés. As duas fés acreditam em coisas diametralmente opostas, e mutuamente excludentes. As duas não podem estar, ambas, corretas. Ou bem Deus é indivisível, ou bem Deus é uma trindade em que uma pessoa, na cabeça divina é separada e diferente das outras duas, mas todos os três são, de alguma forma, um e único e iguais.

Ou bem Deus é Deus e o Homem é o Homem e Deus não se transforma em Homem e um homem não se transforma em Deus, nem Deus assumiu a forma humana na pessoa de Jesus. Ou bem somos responsáveis por nossas escolhas entre Deus e o Mal, ou devemos culpar nossas ações em um Diabo. Ou nascemos em pecado, e somos culpados pelos pecados cometidos pelos ancestrais e morreremos por isso, ou nascemos neutros e nossas escolhas entre Deus e o Mal nos fazem aquilo que somos. Ou bem a lei judaica foi o presente de amor de Deus para os judeus, para fazer os judeus melhores e fazer do mundo um lugar melhor, ou bem Deus nos deu a lei para nos ensinar que não podemos ser nada a não ser pecadores. Ou uma pessoa pode morrer pelos pecados de outros e, assim, retirar a culpa dos pecados de outras pessoas, ou uma pessoa não pode morrer pelos pecados de outras pessoas. Ou bem existe perdão e expiação somente se houver sacrifício de sangue pelos pecados, ou Deus nos deu muitas formas de obter perdão e expiação. Ou bem Deus quer e aceita um sacrifício humano ou bem Deus não quer nem aceita um sacrifício humano. Ou bem Jesus foi o messias ou bem não o foi. Ou bem os judeus definem quem é judeu, ou ex judeus que são, agora, cristãos, e cristãos que querem se tornar judeus definem quem é judeu. Ou bem as raízes do cristianismo se encontram nos rituais e nas festas e dias Santos do judaísmo, ou os cristãos estão simplesmente "descobrindo" o que plantaram. Ou bem o entendimento dos versículos nas Escrituras Hebraicas e o que elas refletem são claras e consistentes com os outros versículos, ou Deus mudou seu pensamento e as interpretações cristãs desses mesmos versículos refletem essa mudança.

Só podemos concluir dos versículos bíblicos contrastados com versículos do Novo Testamento neste livro que as teologias do judaísmo e do cristianismo consistem de crenças diferentes e interpretações bíblicas que são mutuamente excludentes, e que as crenças e interpretações do cristianismo não estão de acordo, mas são antitéticas ao significado consistente das Escrituras Hebraicas.

JUDAÍSMO E CRISTIANISMO: UM CONTRASTE

Discorri para o leitor que os versículos bíblicos que indicam o que os judeus acreditam e por que, e fiz um contraste com os versículos do Novo Testamento cristão que mostram aquilo no que os cristãos acreditam. Demonstrei como, se devemos acreditar na Bíblia, se devemos acreditar nela como autoridade, então, as crenças do cristianismo são contrárias ao que a Bíblia afirma, de forma clara, simples e consistente. Os cristãos podem usar versículos da Bíblia fora de contexto. Podem utilizar traduções erradas, e podem dar um toque cristão. Mas se o entendimento cristão, contudo, alcançam seu entendimento, ele é contrário à Bíblia, então, suas crenças são simplesmente não bíblicas e devem ser rejeitadas por todos que acreditam na autoridade maior da Bíblia.

Se a comunidade cristã deseja se apegar a suas crenças, é sua opção. Mas, para fazer isso, têm que resolver, por si mesmos, questões que os judeus têm levantado, e respondido, por milênios.

A primeira e principal dessas questões é: "Quando Deus mudou de ideia?" Se a Bíblia é clara e consistente, mas o cristianismo acredita que existe conflito na Bíblia, então Deus deve ter mudado de ideia. Quando isso aconteceu?

Se Deus mudou de ideia, por que Deus não reuniu todos os judeus, como fez mno monten Sinai, e fez a eles essa nova revelação divina?

Por que alguém acreditaria em Jesus e nas histórias sobre ele, se as crenças sobre Jesus e a teologia do Cristianismo contradizem o que já sabemos da revelação recebida pelo povo judeu no monte Sinai?

Por que Deus, como os muçulmanos afirmam, e como os budistas afirmam, e muitas outras crenças dizem sobre seus fundadores, por que Deus deu sua revelação apenas para uma única pessoa, que, então, buscou outros que aceitassem sua história, e que, depois foram converte o mundo?

Os judeus responderam essas perguntas há muito tempo, em sua rejeição à teologia cristã como sendo não bíblica, e conforme esse livro comprova. Deus nos prometeu que Deus nunca quebraria sua aliança conosco, que é uma aliança eterna, porquanto Deus é o Deus eterno, e tanto quanto o Sabbath será guardado eternamente pelos judeus como o símbolo eterno dessa aliança eterna (Êxodo 31:12-17).

Para todas as perguntas que os missionários cristãos já fizeram sobre os judeus, sempre houve e sempre haverá uma resposta judaica. Uma resposta bíblica válida razoável e racional. Para cada versículo bíblico que os missionários cristãos utilizarem para persuadir judeus a abandonarem sua fé ancestral, existe uma interpretação judaica racional, razoável e válida que permanece verdadeira aos valores e às crenças consistentes em toda a Bíblia.

Os cristãos nunca aceitarão as resposta judaicas ou a interpretação judaica de nossas Escrituras Hebraicas. Não conseguem, porque, para fazer isso, teriam que abandonar sua fé. No entanto, eles não precisam fazer isso, porque o judaísmo nunca acreditou que somente os judeus vão para o céu, ou que Deus é tão pequeno que se recusaria a receber uma prece sincera feita a alguém que não é Deus.

Devemos concluir, de tudo que mostrei neste livro, a despeito de todas as forças em nossa sociedade atual que fazem parecer que todas as fés são as mesmas, ou que acreditamos basicamente nas mesmas coisas, que há diferenças entre o judaísmo e o cristianismo. Essas diferenças serão sempre irreconciliáveis.

BIBLIOGRAFIA

BERGER, David, The Jewish-Christian Debate In The High Middle Ages: A Critical Edition Of The Nizzahon Vetus, Michigan, ACLS Humanities,

CARMEL, Abraham, Ex-Roman Catholic Priest So Strange My Path: A Spiritual Pilgrimage, New York, NY, Bloch Publishing

CARPENTER, Edward, The Origins Of Pagan And Christian Beliefs, New York, NY, Senate, of Random House UK Ltd., Random House

COHEN, Arthur A., The Myth Of The Judeo-Christian Tradition, New York, NY, Schocken Books

COOK, Michael J. Modern Jews Engage The New Testament: Enhancing Jewish Well-Being In A Christian Environment, Woodstock, Vermont, Jewish Lights Publishing

DRAZIN, Michoal, Their Hollow Inheritance: A Comprehensive Refutation Of Missionaries, Spring Valley, NY, Feldheim Publishing

FESTINGER, Leon, et al When Prophecy Fails, Eastford, Connecticut, Martino Fine Books (March 16, 2011)

FISCH Dov Aharoni, Jews For Nothing,. 1984, Spring Valley, NY, Feldheim Publishers.

FREKE,Timothy, GANDY, Peter, The Jesus Mysteries: Was The "Original Jesus" A Pagan God?, New York, NY, Harmony Books, New York, NY

GRAVES, Kersey, The World's Sixteen Crucified Saviors: Christianity Before Christ, Chigago, Illinois, Research Associates, Frontline Distribution Intnat'l., Inc., 5937 West Madison Ave.

GREENSTEIN, S.J., We Are Not Going To Burn In Hell, New York, NY, Biblically Speaking Publishing Co.

HELMS, Randel, Gospel Fictions, Buffalo, NY, Prometheus Books

KAMENTSKY Ellen, Hawking God: A Young Jewish Woman's Ordeal In Jews For Jesus, 1992, Salinas, Califórnia, Saphire Press, http://www.sapphire.com/hawking,

KAPLAN Rabbi Aryeh, The Real Messiah? A Jewish Response To Missionaries, New York, NY, The Union of Orthodox Jewish Congregations of America, & The National Conference of Synagogue Youth

KUSHNER, Rabbi Harold, To Life: A Celebration Of Jewish Being And Thinking, New York, NY, Warner Books.

LASKER Daniel J., Jewish Philosophical Polemics Against Christianity In The Middle Ages, Liverpool, Inglaterra, Littman Library of Jewish Civilization.

MACCOBY, Hyam, Judaism On Trial: Jewish-Christian Disputations In The Middle Ages, Liverpool, Reino Unido, Littman Library.

MACCOBY, Hyam, Judas Iscariot And The Myth Of Jewish Evil, New York, NY, Free Press.

MACCOBY, Hyam, The Mythmaker: Paul And The Invention Of Christianity, New York, NY, Harper/Collins Publ.

MORDECHAI Tova, Ex- Pentacostal Minister, To Play With Fire: One Woman's Remarkable Odyssey, Jerusalém, Israel, Urim Publications

MOSHE Beth, Judaism's Truth Answers The Missionaries,. 1997, New York, NY, Bloch Publishing Company.

NEUSNER Jacob, Jews And Christians: The Myth Of A Common Tradition, Eugene Oregon, Trinity Press International, Wipf And Stock Publishers

NEUSNER, Jacob, A Rabbi Talks With Jesus, Montreal, Quebec, Canada, McGill-Queen's University Press.

NORMAN, Asher, Twenty-Six Reasons Why Jews Don't Believe In Jesus, Edinburgh, Scotland, Black & White Publishing.

PRAGER, Dennis, TELUSHKIN, Rabbi Joseph, The Nine Questions People Ask About Judaism: The Intelligent Skeptic's Guide, Chicago, Illinois, Touchstone.

ROBERTSON, J.M., Pagan Christs, New York, NY, Barnes and Noble Books, 1993

ROSMARIN Trude Weiss, Judaism And Christianity: The Differences, Springdale, Utah, Jonathan David Publ., Inc.

SCALAMONTI, John David, Ordained To Be A Jew: A Catholic Priest's Conversion To Judaism, Brooklyn, New York, KTAV, Publishing House

SCHACHNOWITZ, Selig, Avrohom Ben Avrohom, Spring Valley, NY, Feldheim Publishers, Phone: (800) 237-7149.

SCHWARTZBAUM, Aaron e SPIRO, Suzanna, Beware Of Soul Snatchers: How Jews Can Save Themselves From Missionary Assault, Pedidos: http://www.shemayisrael.co.il/orgs/toralife/Book1.html

SHERMAN, Shlomoh, Escape From Jesus: One Man's Search For A Meaningful Judaism, 1983, Reedição 1986, Mount Vernon, NY, Decalogue Books

SIGAL, Gerald, Isaiah 53: Who Is The Servant?, Bloomington. Indiana, Xlibris Corporation

SIGAL, Gerald, Anti-Judaism In The New Testament, Bloomington, Indiana, Xlibris Corporation.

SIGAL, Gerald, The Blood Atonement Deception: How Christianity Distorted Biblical Atonement, Bloomington, Indiana, Xlibris Corporation.

SIGAL, Gerald, The Jew And The Christian Missionary: A Jewish Response To Missionary Christianity, Brooklyn, New York, KTAV Publishing House, Inc.,

SIGAL, Gerald, Trinity Doctrine Error: A Jewish Analysis, Bloomington, Indiana, Xlibris Corporation. Xlibris Corporation,

SILVER, Abba Hillel, Where Judaism Differed: An Inquiry Into The Distinctiveness Of Judaism, Lanham, Maryland, Jason Aronson.

SINGER, Tovia Let's Get Biblical!, Why Doesn't Judaism Accept The Christian Messiah?, RNBN Publishers, COMPLETE 24-PART CD SERIES, FOR LET'S GET BIBLICAL!

TAYLOR, Penina, Coming Full Circle: A Jewish Woman's Journey Through Christianity And Back, Jerusalém, Israel, Hatikva Books.

TELUSHKIN, Rabbi Joseph, Jewish Literacy: The Most Important Things To Know About The Jewish Religion, Its People, And Its History, New York, NY, William Morrow.

TROKI, Isaac Ben Avraham of, Faith Strengthened: 1,200 Biblical Refutations To Christian Missionaries, Brooklyn, New York, KTAV, Publishing House, Inc., http://FaithStrengthened.org

ZAKAR Shoshana, KAUFMAN Dovid, Judaism Online: Confronting Spirituality On The Internet, http://www.jewsforjudaism.org

Por favor, deem uma olhada nos websites a seguir. Cada um tem sua própria lista de downloads gratuitos, incluindo livros, folhetos, vídeos e áudios disponíveis

JewsForJudaism.CA
JewsForJudaism.org
OutreachJudaism.org
The Jewish Israel Bookstore at: http://astore.amazon.com/jewiisra-20
http://www.virtualyeshiva.com/counter-index.html
http://judaismsanswer.com/apologetics.ht

Printed in the United States
by Baker & Taylor Publisher Services